지적도로 찾아가는 문경 옛길

1km

지적도로 찾아가는 문경 옛길

도도로키 히로시 지음

국학자료원

〈일러두기〉

* 이 책의 조사와 원고는 지리학자 도도로키 히로시가 하였다.
* 지적원도는 국가기록원 역사기록관에서, 현행 문경 지적도는 문경시에서 제공하였으며, 지적도 상에 옛길 표시는 도도로키 히로시가 하였다.
* 지적도 및 지형도 상에 선으로 연결시킨 옛길 표시는 도도로키 히로시의 연구로 드러난 결과이지 일반화된 결과는 아님을 밝힌다.

추천글

　지적도는 토지의 소재, 면적, 지목, 지번, 경계 등을 나타내기 위하여 만든 평면지도입니다. 지적도 중 지적원도는 일제강점기 초기 조선총독부 소속 임시토지조사국에서 식민지체제 수립을 목적으로 전국적인 토지조사사업을 벌였을 때 토지조사부, 토지대장과 함께 제작되었습니다. 이 지적원도에는 신작로와 더불어 도로가 명시되어 있어 길이 어떻게 나 있었는지를 알 수 있습니다.

　지적원도는 김정호의 대동여지도와 대동지지가 제작된 연대와 50년 정도 차이가 나기 때문에 지적원도상에 나타난 도로는 옛길의 노선을 그대로 재현하고 있을 가능성이 높습니다. 따라서 고지도古地圖와 지지地誌를 바탕으로 하여 지적원도를 잘 살펴본다면 현재 지형에서 옛길의 경로를 정확하게 알 수 있습니다. 또한 지적원도와 현행 지적도를 기술적으로 중첩시켜 옛길의 경로를 현행 지적도에 그대로 옮긴다면, 옛길과 관련된 문화컨텐츠로 다양하게 활용할 수 있습니다. 예컨대 옛길을 전자 지도화하여 역사고증자료, 교육자료, 복원계획 수립자료, 박물관 전시자료 등 다양하게 활용이 가능합니다.

　이 책은 이러한 과정의 가장 기초적인 작업으로 그 의미가 매우 큽니다. 원고를 집필해 주신 도도로키 히로시 선생님과 관계자 여러분께 감사의 말씀을 올립니다. 이 책이 문화유산을 아끼고 사랑하는 분들에게 작은 도움이 되었으면 합니다.

2015년 2월
문경시장

목차

제3장
지적원도를 활용한 동래로 문경구간의 역사지리학적 복원

1km

제1장

조선시대 대로망은 어떻게 생겼을까?

1. 들어가며

도로체계의 특성이나 그 성립 요인에 관한 연구는 각 노선마다의 선형 특성과 같은 각론 연구는 있지만, 총론 연구는 많지 않다. 일반적으로 총론 연구는 각론보다 앞서서 이루어져야 하는데 반대가 된 것이다. 그래서 이 책에서는 조선시대 도로체계가 어떠한 특성을 가지고 있는 것인지, 또 그 특성은 어떠한 지리적 및 역사적 배경에서 생겨난 것인지를 주로 간선도로인 대로에 착안하여 정리해 보고자 한다. 구체적으로는 지리지에 기재된 노선 체계를 정리하므로써 그 지리적 특성을 파악하여, 그러한 특성이 왜 발생했는지를 당시 도로 제도사에 비추어서 검토하고자 한다.

이를 위한 사료는 도로체계가 명시된 지리지류를 기본 사료로 삼고, 보조적인 사료로서 각 지리지에 대응한 『대동여지도』, 『청구도』, 『팔도지도』, 『동국여지도』 등의 전국지도, 『경국대전』, 『속대전』 등의 법전 관련 자료 및 수교 관련 자료이다. 또 군사 통신 목적으로 별도 설정한 육상 교통체제인 파발제 및 파발로에 대해서는 그 목적의 특수성으로 인하여, 본 책에서는 언급하지 않기로 한다.

2. 지리지에 나타나는 대로의 노선체계

1) 도로체계가 잘 나타나는 책들

조선시대 도로망 전체상을 알 수 있는 실마리는 많지 않다. 조선 후기에 해당되는 18세기 이후를 중심으로 해서, 실학자 들에 의해 많은 지리지 서적이 간행된 것은 사실이다. 그러나 이들 지리서에는 도로에 관한 기술이 없기도 하고, 있어도 인접된 지역 상호간의 거리만을 기술한 것 등 도로체계를 파악하기에는 적지 않은 한계를 지닌 것들이 많다.

한편 당시 고지도에 관해서는 내용상 차이는 있더라도 어느 정도 표기되어 있는 것이 일반적이었으며, 도로를 완전히 생략한 지도가 오히려 드물었다. 다만 간선과 지선의 구별 없이 망라적으로 묘사되어 있는 경우가 많기 때문에, 역시 도로 '체계'를 알 수 있는 직접적인 정보원이 될 수는 없었으며, 문헌자료 내용을 시각적으로 재확인하는 데 그친다.

도로체계를 제대로 이해할 수 있는 자료로서의 조건은, 적어도 기점과 종점이 명시되어 있다는 것, 기점에서 종점까지 경유지가 연속성 있게 설명되어 있다는 것, 간선과 지선의 관계가 명확하게 표시되며, 그 분기지점도 밝혀지고 있다는 것 등이다. 그러한 조건을 충족한 사료들은 아주 한정된다.

대표적인 것으로서, 신경준이 쓴 『도로고』(1770)와 그가 편찬한 『동국문헌비고』(1770), 그리고 김정호가 쓴 『동여도지』(1834), 『대동지지』(1866) 등이 있다. 즉 신경준 혹은 김정호가 쓴 두 책은 앞에서 언급한 조건을 모두 수렴하고 있으며, 그 외 지리지들은 둘 중 어느 한쪽의 계통에 속하는 것이다.

또 도로체계를 조선의 전통적인 가계도인 '족보' 형식에 따라 도표식으로 편집한 것을 「도리표」혹은 「거경정리표」라고 하는데, 여러 가지 사본들이 남아 있다. 다만 이러한 「거경정리표」류에 표시된 도로체계나 경유지 등을 보면, 거의 신경준의 계보를 따르고 있음을 알 수 있다. 이들 현존하는 사료들에 한하여 시대 흐름에 따라 배열하면, 신경준이 도로체계에 대한 구체적인 저술의 효시라고 할 수 있다. 『도로고』와 『동국문헌비고』는 같은 해(1770년)에 출판되었지만, 전자는 신경준의 개인 저작이며, 후자는 그것을 바탕으로 관찬지리지로 재편한 것이어서, 『도로고』를 시조로 자리매김시켜도 무방할 것이다. 『동국문헌비고』가 나온 후, 이 노선체계를 거의 답습한 「거경정리표」류와 그 사본들이 많이 작성되었으며, 일제시기 초기까지 여러가지 형식으로 계속 출판되었다. 한편 김정호는 신경준이 만든 틀을 이용하면서도, 자신의 독자적인 조사에 의한 지식들을 대폭 보완하였으며, 이를 토대로 독자적인 노선체계를 구축하였다. 조선왕조 말기에 편찬된 『대동지지』는 그 완성형이라 하겠다.

'구축'이라는 말을 썼지만, 원래 관도 노선체계는 실학자 개개인의 견해에 맡길 것이 아니라 국가가 규정할 성격의 것이다. 적어도 학자들이 자신의 견해만으로 자의적으로 결정하거나 변경할 수 있는 사항은 아니었다. 그럼에도 불구하고, 앞에서 언급한 여타 지리지류를 비교할 경우, 도로체계는 대략적으로는 일치하고 있지만, 각각의 노선수나 경로, 구간 등에 있어서는 간과할 수 없는 차이가 보인다. 그것도 시기가 내려감에 따라 일관된 변화상을 보이고 있는 것이 아니라, 분명히 그때 그때마다 작성자의 주관이 반영되어 있다고 판단되는 것들이다. 왜 그러한 일이 생겼을까? 그것을 생각하는 것에 앞서, 실제로 어떠한 차이가 있는지를 검토해 보기로 한다.

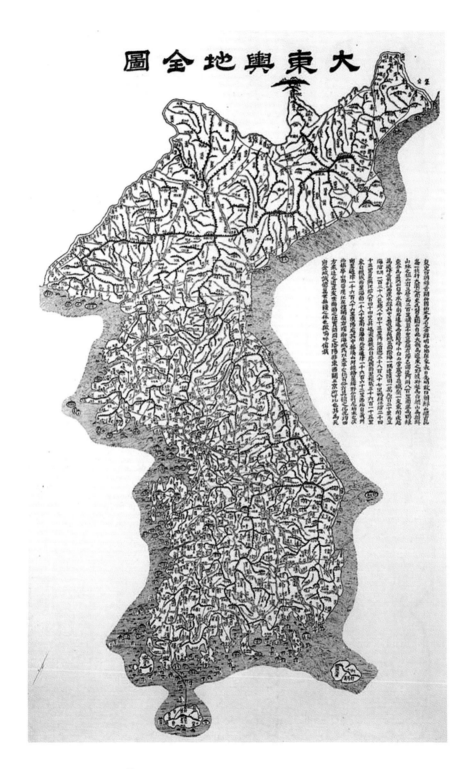

■ 그림 1-1 김정호 「「대동여지도」」 (1860)

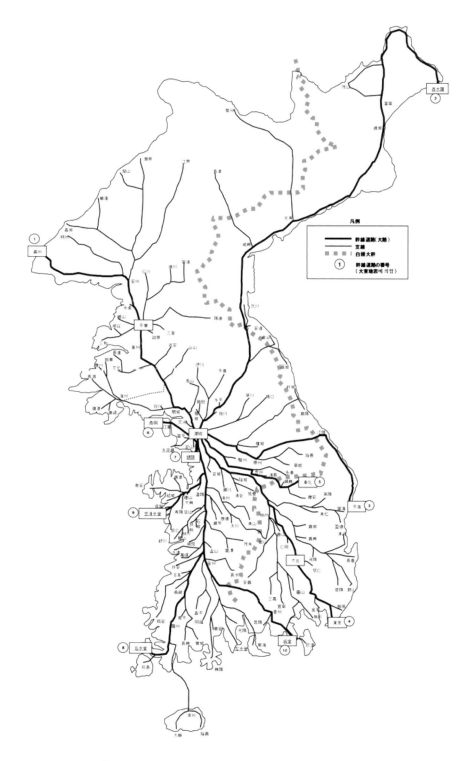

■ 그림 1-2 「「대동지지」」에 표시된 10대로와 지선망

■ 임진관이 입지하던 임진강 임진나루

2) 사료마다 다른 도로망의 모습

우선 대부분의 서지에서 공통된 사실부터 다시 확인해보자. 대부분의 사료에서는 도로 체계의 중심이 되는 간선도로를 '대로'라고 부르고, '제1로' 혹은 '1대로' 등 노선별로 번호를 부여하고 있다. 번호 앞뒤에 각 대로 고유 호칭이 수반되는 경우도 있지만, 반대로 호칭만 있고 번호가 생략되는 경우는 없다. 호칭은 해당되는 대로의 종착지점 혹은 그 장소가 포함된 읍의 명칭이나 군사시설 명칭 등에서 취하고 있으며, 노선의 통칭이자 행선지 표시 역할을 했다. 노선번호와 목적지가 동일해도 사료에 따라 호칭이 다를 수도 있다.

모든 대로는 중복구간을 포함하여 수도인 한성을 기점으로하여 전국을 향해 방사형 노선을 형성하고 있다. 지리지에는 대로 이외의 분기선도 많이 기재되어, 분기선을 통하여 모든 읍치로 가는 경로가 표시되어 있다. 분기선 역시 방사형 선형이기 때문에 지리지의 노선 체계를 지도로 표시할 경우, 자전거 바퀴처럼 방사 노선의 집합체가 된다. 김정호가 작성한『대동여지전도』(그림 1-1)는『대동지지』(그림 1-2)의 노선망에 의거하여 도로가 그려지고 있기 때문에, 노선체계를 시각적으로 확인할 수 있다. 이러한 도로 체계는 조선의 극단적인 중앙집권적 체계를 반영한 것이라고 하겠다.

■ 의주로의 랜드마크 역할도 수행하였던 파주 용미리 쌍미륵

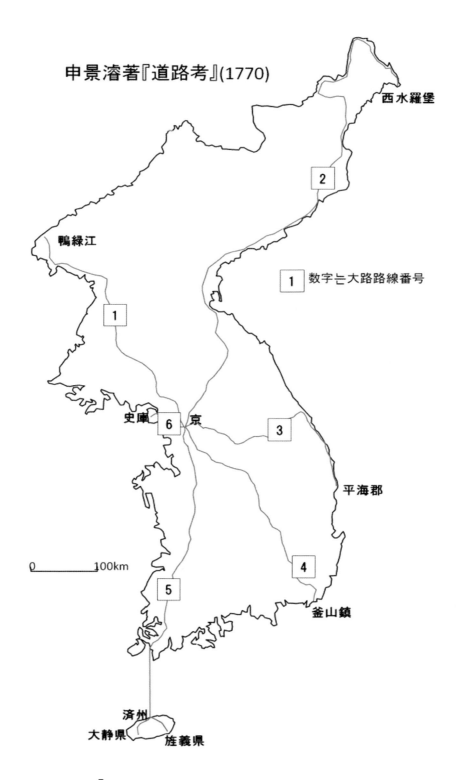

申景濬著『道路考』(1770)

西水羅堡

2

鴨緑江

1   数字는大路路線番号

史庫   6 京

3

平海郡

4

5   釜山鎮

0   100km

濟州

大静県   旌義県

■ 그림 1-3a 주요 지리지에 제시된 조선시대 대로체계들

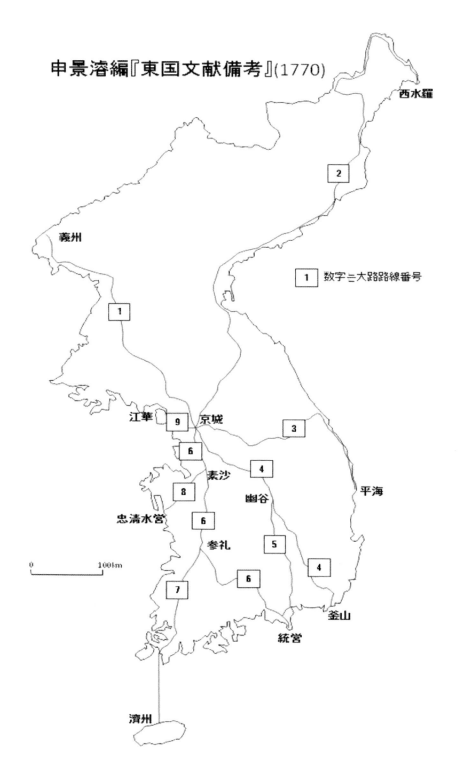

申景濬編『東国文献備考』(1770)

西水羅

2

義州

1 数字 = 大路路線番号

1

江華 9 京城

6

3

牙沙 4

8 幽谷

忠清水営 平海

6 5

参礼 4

0 100km

7 6

釜山

統営

濟州

■ 그림 1-3b 주요 지리지에 제시된 조선시대 대로체계들

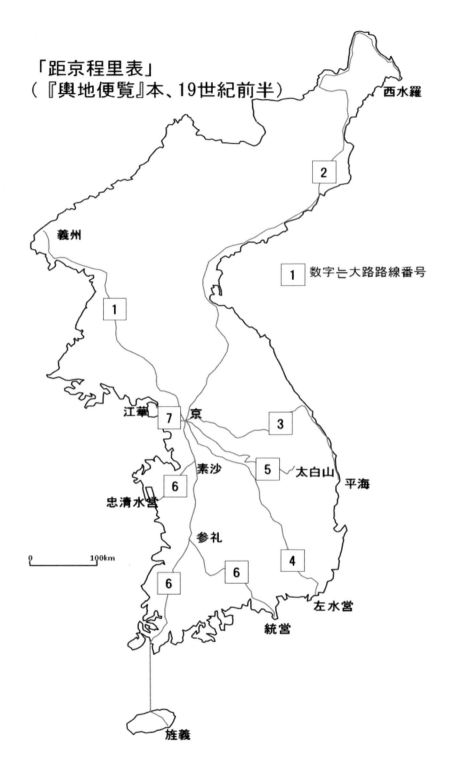

「距京程里表」
(『輿地便覧』本、19世紀前半)

西水羅

2

義州

1 数字は大路路線番号

1

江華 7 京

3

素沙

5 太白山

平海

忠清水営 6

参礼

4

6

6

左水営

統営

0   100km

旌義

■ 그림 1-3c 주요 지리지에 제시된 조선시대 대로체계들

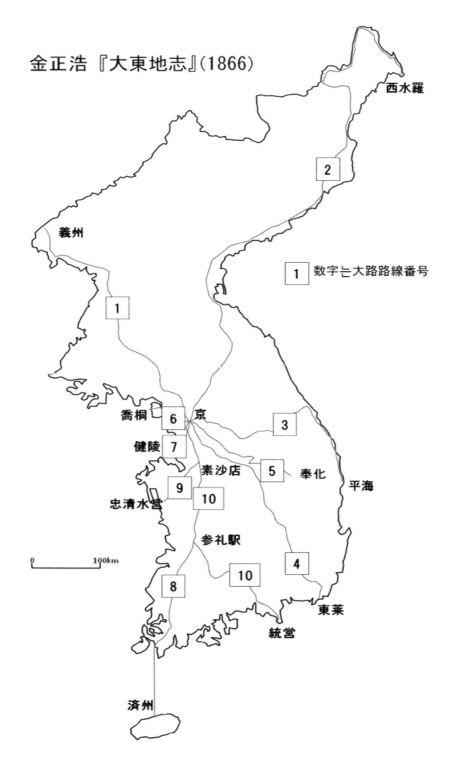

金正浩『大東地志』(1866)

西水羅

2

義州

1

1 数字는大路路線番号

喬桐 6 京

3

健陵 7

素沙店 5 奉化

9

平海

忠清水営 10

参礼駅

4

10

8

東莱

統営

済州

0   100km

■ 그림 1-3d 주요 지리지에 제시된 조선시대 대로체계들

■ 돈암동에 있는 미아리고개. 본디 여진족이 넘어간 고개라 하여 되너미고개라고 불렀는데, 그것이 돈암동의 유래가 되었다고 한다.

물론, 수도가 아니라 지방도시 사이를 잇는 노선이 없었던 것은 아니다. 많은 고지도에는 그런 노선들도 묘사되었으며, 일부 지리지에는 각 군현 항목 속에 인접 도시 사이의 거리를 표기하고 있으나, 간선 대로와 유기적 결합을 시킨 것은 아니다. 어디까지나 지방도로 수준이며, 국토 규모의 노선체계하고는 직접적인 관계는 없다.

그림 1-3에서 표시한 것처럼 각 사료들은 제1로부터 제4로까지는 노선의 방면과 번호가 일치한다. 즉 사료마다 변동이 있는 것은 모두 제5로 이하의 대로들에 한정되어 있다. 제1로는 의주로, 제2로는 경흥로, 제3로는 평해로, 제4로는 동래로로 고정되어 있다. 수도를 기준하여 서북 방면으로 나가는 의주로로부터 시계 방향으로 번호를 부여하고 있다. 의주로가 반드시 제1로가 되는 것은 중국과 사신이 왕래하는 대로였기 때문일 것이다.

제2로는 경흥로, 서수라로, 북로, 관북대로 등 여러가지 명칭이 있다. 수도로부터 북동, 동해안을 따라 함경도를 종주하여 서수라보에 이른다. 서수라보는 연해주와의 경계이자 두만강 하구에 위치하는 국경 최전방이며, 경흥은 서수라보가 속하는 읍치이다. 종점에 가까운 회령에서 서수라보까지는 두만강을 따라, 즉 국경을 따라 시계방향으로 돌면서 대로가 설정되어, 여진족에 대한 변방의 목적이 있는 것으로 추정된다.

■ 의정부에서 포천으로 넘어가는 축석령. 그린벨트 속에 있어서 옛길 흔적이 그대로 남아 있다.

■ 의주로, 동래로, 삼남대로 수원별대로 그리고 강화로의 출발지점인 남대문(숭례문).
실로 "대동지지"의 10대로 중 7개 노선이 이곳을 지난다.

■ 한강진에서 한강을 건너는 동래로

　제3로는 강원도를 관통하여 동해안에 이르는 노선이며, 종점 읍명을 따서 평해로라고 하며, 관동대로라는 속칭도 있다. 제4로는 동래로 혹은 영남대로로 불렸는데, 경상도 방면으로의 간선인 동시에 일본을 향한 외교의 길이기도 했다.

　도로체계가 명시된 사료 중에서 전체 대로 수는 4 내지 10 노선까지 다양하다. 이상에서 언급한 4개 대로 이외에 거의 빠짐없이 게재되는 노선은 강화로뿐이다. 경기도 서해안 상에 있는 강화도는 한강 하구에 위치하고 조선 수도 서울(한성)뿐만 아니라 고려의 수도인 송도(개성)에서도 중요한 방위 거점이었다. 몽고가 침입했을 때 일시적으로 고려의 수도가 강화도에 옮겨졌기 때문에, 강화도는 강도라는 별명도 있다. 조선에서도 도호부가 있어서 중요시되었으며, 개항 직전에는 외국 선박과 교전이 빈번하게 일어났다. 수도 근교의 짧은 노선임에도 강화로가 대로 급의 격을 가지고, 거의 모든 사료에 나오는 것은 조선 이전의 이러한 역사가 반영되어 있기 때문으로 보인다. 그렇게 볼 때, 조선의 대로는 고려로부터의 연속성을 강하게 의식하게 된다.

■ 뱅뱅사거리와 양재동(말죽거리) 사이 언주초교 근처에 있는 싸리고개. 여타 유래설이 있지만, 이 고개를 올라서면 서울 남산이 보인다고 해서 '서울고개'라고 불렸던 것이 와전되었다는 설도 있다.

■ 월천현(다리내고개)에서

■ '거경정리표'에서는 서울 다음의 경유지명이 되어 있는 판교. 역촌은 판교신도시 건설로 흔적도 없어졌다.

■ 구 용인읍치(구성초등학교 일대)내에 위치한 비석거리

■ 충주 구읍성내에 있는 충청감영. 제금당 등 일부 건물이 보존되어 있다.

■ 충주 장고개에서 수회리장으로 내려오는 옛길

■ 안부역이 입지하던 충주 수안보 대안보마을

제5로는 『도로고』에서는 '제주로', 『동국문헌비고』에서는 '통영로', 『대동지지』나 대부분의 「거경정리표」에서는 '태백산로'로, 사료에 따라 전혀 다른 노선이 된다. 태백산은 백두대간상에 있는 표고 1567m의 산으로, 유교 및 불교가 들어오기 전부터 민속신앙의 대상이었다. 산의 남쪽 사면에는 686년에 창건된 각화사가 있었는데, 조선시대에는 1777년에 건립된 태백산 사고史庫가 있었다. 사고란 왕조 실록 등 사서를 보존하는 건물을 말하며, 전화戰火를 피하기 위해 정사류를 몇 개소에 분산시켜 옮겨 둔 곳이다.

'거경정리표'상 종점은 태백산, 더구나 『여재촬요』에서는 각화사로 되어 있어서, 본 대로의 개설 목적은 태백산 사고와 연관되었을 가능성이 높을 것이다. 사찰이 대로의 종점이 되어 있는 것은 태백산로뿐이다. 사고와 도로의 관계성에 대해서는 또 『도로고』에서 강화로 종점이 강화읍이 아니라 당시 강화도에 있었던 정족산 사고를 지목했다는 점과, 『대동지지』에서 평해로 월정점에서 오대산 사고까지 가는 분기선에 대한 정보를 주석으로 달았다는 점 등에서도 추정된다.

한편 『동국문헌비고』에서는 5대로는 태백산로가 아니라 통영로로 되어 있다. 내용이 비슷해서 명백한 계보 관계가 인정되는 『동국문헌비고』와 「거경정리표」 사이에서 노선체계상의 큰 차이는 이 5대로뿐이다. 즉 양쪽의 발행시기 사이에 도로체계에 변화를 미치는 사안이 발생한 것으로 생각되는데, "동국문헌비고"가 1770년 간행이며, '거경정리표'가 그 직후부터 보급이 시작된 점으로 미루어 '거경정리표' 작성 과정에서 사고가 신설된 태백산로의 정보가 추가된 것으로 추측된다.

태백산로는 한성에서 충주까지는 동래로의 직로(별로)를 그대로 활용하여 삼전도, 광주(남한산성), 이천, 음죽 등을 거쳐서, 충주 이후는 단양, 죽령, 풍기, 영천 등을 거쳐 봉화에 이르는 경로를 취한다. 분기선은 많지 않아서 평해로와 동래로의 지선망 중간에 뒤에서 억지로 끼어넣은 격이 되어 있는 것으로, 주변 대로들보다 나중에 대로로 승격한 경로임이 짐작된다.

■ 죽령 창락역으로 내려오는 태백산로

■ 창락역터

■ 삼남대로 천안 차령고개로 넘어가기 전 원터마을

『동국문헌비고』에서 제5로가 되어 있는 통영로의 목적지는 남해 수군의 요충지, 통제영이다. 임진왜란이 발생한 다음해인 1593년, 삼도수군 통제사로 임명된 이순신이 설치한 수군의 총사령부이다. 즉 조선 중기 이후에 중요성을 갖게 된 군사거점이며, 통영로가 대로가 된 것도 이에 수반된 것으로 생각된다.

통영로는 중간의 유곡역까지는 동래로와 중복되어, 거기서 분기하여 상주, 성주, 현풍, 칠원, 함안, 진해, 고성을 거쳐 통영까지, 사료에 따라서는 거제까지 도달하였다. 다만 통영로가 대로로서 채택된 기록은 『동국문헌비고』 하나뿐이며, 그 이후에 나온 『대동지지』나 「거경정리표」류의 대부분에서는 통제영으로 가는 대로가 기재되었지만 전혀 다른 경로를 채택하였다.

그 경로는 '통영일로' 혹은 '통영별로'라고 하였는데, 명칭에서 알 수 있듯이 원래 통영로의 우회로였다. 『동국문헌비고』에서는 양자를 동등하게 대로로 취급하였지만, 그 이후 사료에서는 통영별로만을 대로로 게재하고 있기 때문에, 시대가 흐름에 따라 통영로보다 통영별로 경유가 일반화된 것으로 생각된다.

이 같은 간선 경로의 대규모 이전은 전에 없던 일이다. 최영준(2004, 159~160)은 그 이

유로, 조선후기 상업의 발전에 따라 토산이 풍부하여 시장망이 비교적 조밀하게 분포된 국토 서쪽으로 간선도로축이 이동했기 때문으로 설명하였다. 필자는 또 하나의 이유로, 일부 법전류에 명기된 것처럼 특히 수도 근방 육상교통로의 혼잡을 피하기 위해, 통영을 포함한 경상우도로의 교통방식이 규제된 영향이 아닐까 생각한다.

1770년 간행된 『도로고』에서는

> 충청좌도에는 과천의 양재역, 진위읍, 성환역, 직산읍을 경유하여
> 우도에는 금천의 반유역, 수원읍, 평택읍을 경유하여,
> 전라좌도에는 양재역, 직산읍, 공주읍, 여산읍을 경유하여,
> 우도로는 반유역에서 수원읍, 평택읍, 아산읍, 온양읍, 유구역, 정산읍,
> 은산읍, 임천읍, 용안읍을 경유하여,
> 경상좌도로는 광주의 경안역, 아리역, 유춘역, 가흥역, 죽령을 경유하여,
> 우로로는 양재역, 용인읍, 양지읍, 죽산읍, 영풍읍, 조령을 경유

라고 기술되어 있어서, 통영으로는 통영로를 경유하도록 할당되고 있었다.

그런데 『경국대전』 18세기 이후의 속편에서는 다음과 같이 기술하고 있다.

> 각 도의 사신은 아래와 같이 길을 나눠서 왕래하도록.
> 충청 전라 우도로는 금천과 수원을 거쳐
> 충청 경상 좌도로는 광주 이천을 거쳐
> 전라좌도 및 경상우도로는 과천을 거치도록
> 어긴 자는 관찰사가 계문(처벌)할 것이다.

이상과 같이 통영으로는 과천을 거치도록 변경되고, 그것도 벌칙까지 수반되는 규정이 있다. 아마도 교통유동을 평준화하기 위한 조치로 보이며, 최영준이 지적한 조선후기의 상업활동 활발화가 노선 설정에까지 영향을 미친 사례라고 하겠다. 통영별로는 이와 같은 경로 규칙으로 인해 18세기에서 공식적인 간선도로로서의 지위를 얻었다고 볼 수 있다. 전술처럼 태백산로의 대로화가 18세기 후반이었으므로, 마침 통영로가 대로에서 탈락해서 5대로의 그 빈 틈을 태백산로가 대신한 격이 된 것이다.

■ 충청수영성(오천성). 지금은 일부 성벽과 진휼청 등의 건물만 남아 있다.

■ 문성고개를 넘는 수원별대로

■ 수원별대로 개설에 맞춰 건설된 만안교. 지금은 신작로 확장으로 인하여 약간 이설되었다.

■ 지지대고개를 넘어 수원 초입에 아직 남는 노송나무 가로수. 역시 수원별대로와 같이 건설된 것인데, 노폭이 넓어서 후의 신작로에 그대로 전용되고, 지금도 1번국도 구도로로 사용되고 있다.

■ 수원 화성 장안문

■ 대황교. 원래 삼남대로와 수원별대로의 분기점에 있었으나, 오산비행장 건설로 인하여 수원별대로 종점에
있는 융릉 경내로 이전되었다.

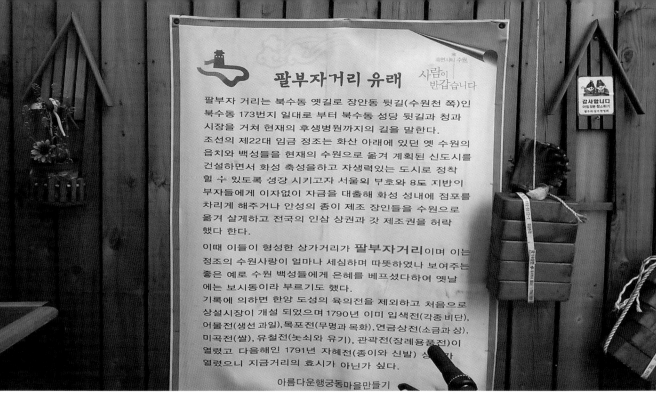

■ 화성 남북을 연결하는 간선도로이자 삼남대로의 일부이기도 한 팔부자거리. 일제시대 직선의 우회도로 건설로 이면도로가 되었다.

　통영별로의 경로는 통영로와는 출발부터가 다른데, 전라도 삼례역까지는 제주로와 중복되고 있다. 제주로는 '호남대로'라고도 불렀는데, 사료에 따라 '우수영로' 혹은 '해남로'라고도 한다. 『도로고』나 『동국문헌비고』, 또 많은 「거경정리표」 등 신경준 계열 사료에서는 대부분 제주로로 부르고 있다. 한편 『대동지지』 등 김정호 계열 사료에서는 대로 본선의 종점은 제주가 아니라 해남 우수영이어서, 제주로 향하기 위해서는 해남 석제원에서 지선이 갈라졌다.

　통영별로와 제주로, 그리고 충청수영로를 합해서 '삼남대로'라고 부른다. 충청도, 전라도, 경상도 등 남방의 3도로 가는 길이라는 뜻이다. 이들은 경기도 내에서는 노선이 중복되어 있어서, 한성을 기준으로 생각할 때, 삼남대로라는 하나의 길인 것이다. 실제로 대부분의 「거경정리표」에서는 3개 노선이 한 표에 묶여서 실려 있다. 이 경우 노선 호칭은 삼남대로라고 쓰지 않고, 3개 노선명을 모두 표기한다. 한편 노선번호는 '제6로'로 묶어 둔 경우와, '제6로, 제7로, 제8로' 등으로 나누는 경우가 있다. '제6로'로 묶을 경우

■ 원래 자리로 복원된 수원행궁

■ 수원화성 팔달문

전체 대로 수는 7개가 되지만, 보통 난외에 '대로는 9개로 나뉜다'고 주석을 달고 있으니, 정확히는 각각을 다른 대로로 인식하였음을 알 수 있다.

후자의 경우는 제6로가 통영별로일 경우와 제주로일 경우가 있어서, 사료에 따라 노선번호와 구간이 일치하지 않는 경우도 있다. 실질적으로 제6로 이후는 번호만으로 경로를 식별하는 기능은 없어지며, 단지 각 자료의 게재순서를 밝히는 숫자로만 기능한다. 바꾸어 말하면 공적으로도 사적으로도 관도 노선을 번호로 관리하는 일은 적어도 없었던 것으로 보인다.

더욱 10대로제를 취하는 『대동지지』, 『동여도지』에서는 더 하나 '수원 별대로'가 존재한다. 이 노선은 본디 삼남대로의 우회로였다. 1789년 정조가 부친인 장조(사도세자)의 묘소를 구 수원읍치 외곽에 이동시켜, 수원읍치는 현 위치로 이동하였다. 그 자리에 수원화성을 축조한 것이다. 정조는 부친의 능묘(융릉)으로 향하는 대로를 개수했는데, 그것이 김정호에 의해 '수원별대로'로 기록되었다. 왕릉이 목적지인 대로는 이 길 하나뿐이다.

이렇게 보면 본디 도로의 노선체계는 수도로부터 방사상으로, 각 도의 가장자리에 있는 외교적 거점이나 도시를 연결함을 기본으로 노선이 설정된 것을 알 수 있다. 이것은 곧 『도로고』에 표시된 6개 대로 체계에 해당된다. 거기에다 조선중기 이후, 군사적 요청으로 인하여 통영로와 충청수영로가 추가되고, 더구나 조선후기에 왕조의 의례상 요청으로 태백산로와 수원별대로가 추가된 것이다. 즉 조선의 도로체계는 국토의 뼈대로서의 지리적 간선에다가 시대의 요청으로 군사적, 위례적 대로가 부가된 체계라고 정의할 수 있을 것이다.

■ 삼례 역참문화전시관 안에 전시된 삼례역 관아 모형

■ 이진과 함께 제주도로 건너가는 출항지였던 해남 관두량

제1장 조선시대 대로망은 어떻게 생겼을까?　39

■통영별로는 삼례역에서 남원까지 이몽룡이 춘향을 찾아간 길과 일치한다. 남원 시내에 들어가면 춘향전과 관련된 시비나 이정표 등이 나타난다.

그런데 이처럼 말끔히 시기별로 정리하고 싶어도 그렇게 못하는 사정도 있다. 시기가 흐름에 따라 대로가 (상기처럼) 증가한 것은 사실이라 할지라도, 해당되는 각 시기에 생성된 사료는 꼭 이에 대응하지는 않았기 때문이다. 김정호가 『대동지지』에서 10대로를 기록한 시대나 심지어 그 후에도, 여전히 6개 대로나 9개 대로 체계를 담은 사료들도 동시에 간행을 계속하였다. 『동국문헌비고』는 『증보문헌비고』로 이름을 바꾸고, 활자 개정판으로서 20세기 초까지 간행을 계속하였다. 그러나 각 도로의 경유지명 등 일부는 수정되는 한편으로, 도로체계 그 자체는 전혀 '증보'되지 않았다. 예컨대 '태백산로' 대신 '통영로'가 버젓이 실리고, 수원화성도 실리지 않은 채 구 수원읍이 원위치로 계속 실렸다. 결과적으로 조선 말기의 간행 자료에는 조선시대의 여러 가지 시기 및 성격의 도로체계가 혼재하여, 거기에 책마다 크고 작은 차이가 생겨서 전혀 통일성이 없었다. 분명히, 적어도 민간이나 학자 쪽에서는 도로체계에 대한 통일된 견해란 존재하지 않았던 것이다.

■ 전라도에서 경상도로 넘어가는 팔량치 고개의 경상도측 밑에 있는 원통촌

■ 성벽만 남은 사천읍성 터

그 결과, 현재 학계에서도 조선의 도로체계에 대한 설명은 개별적으로 인용한 사료의 영향으로, 4대로에서 10대로까지 제각각이다. 4대로란 『경국대전』 원우조院宇條에 나오는 원마을의 규격을 설명한 것인데, 이것은 도로체계에 관한 자료는 아니다. 더구나 위와 같은 학자마다의 농시대석 견해 나앙싱을 무시하고, 사회 발전에 따라 공식적인 대로 노선수가 10대로까지 증가하였다는 주장도 있다. 그러나 앞에서 말한것 처럼 대로 수는 공식적인 견해는 없으며, 어디까지나 각 학자마다, 책마다의 개별 인식일 뿐이다. 왜 이 같은 혼란이 방치되어 왔는가? 정말로 중앙정부의 규정은 없었는가? 다음 장에서 살펴 보기로 한다.

3. 조선시대 도로행정과 대로

그러면 행정 쪽에서는 도로체계를 어떻게 파악하고 있었을까. 관찬 기록으로서 도로체계가 명시된 지리지는『동국문헌비고』하나뿐인데, 그 내용도 신경준 개인의 업적인 『도로고』내용을 왕명으로 편찬된『동국문헌비고』를 위해 개정해서 실은 것이라서, 결국 신경준 개인 지리인식의 영향을 강하게 받을 수밖에 없었다. 실제로『동국문헌비고』여지고 도리조 말미에는 왕에게 아뢰는 방식을 취하면서 아래와 같이 적어 두었다.

> '신은 삼가 각 도 열읍의 도리를 조사한 바, (동국여지)승람이나 (고사)촬요 등 서지에 상세히 기술되어 있으나, 수도에서 읍치까지 몇 역 몇 리 걸리는지는 안 써져 있기 때문에, 경로상에 어떤 읍이나 역이 있는지 알 수 없다. 여기서는 사방에서 가장 긴요한 9대로와 그 지선들을 이하와 같이 수록하여…'

이 글에서도, 그의『도로고』이전에 도로체계를 적은 문서는 존재하지 않고, 이 때문에 그가 필요한 대로들을 스스로 판단해서 채록한 사실을 알 수 있다. 그리고 '가장 긴요한 9

대로'란 어디까지나 신경준 개인의 견해이며, 공식적으로 인정된 도로 시스템이 아니라는 단서를 달고 있는 것이다. 상기에 이어,

> '···수도에서 각 읍지로의 노리 총수는 생략했지만, 양도와 김영, 병영, 통 영, 수영 등은 기타 읍치와는 다르기에, 오른쪽에 열거했다'

라는 기술이 있다. 그러나 "오른쪽에 열거했다"고 써 있는 것처럼, 이는 권말에 있는 각 부 영(도시와 군사기지)과 수도와의 거리 일람을 언급한 것일 뿐이며, 대로 설정의 지표를 나타낸 것은 아니다. 실제로 거기에 표시된 부영 안에는 대로변에 없는 것들도 많고, 신경준은 이곳으로 향하는 노선들을 '긴요한 대로'로 간주하지는 않았던 것이다. 이처럼 『동국문헌비고』라는 대로체계가 명시된 유일한 관찬지리지마저, 이를 공식적 체계로서 기재하지는 않았으며, 어디까지나 참고 수준이었던 것이다.

물론 절대왕권을 수반한 중앙집권국가인 이상, 국가 교통을 관리하지 않았을 리가 없다. 단지 관리방법이 도로체계란 '선의 집합=도로망'을 통한 관리가 아니라, 다른 방법으로 육상교통을 관리하고 있었던 것이다.

조선의 역제 제도사에 관해서는 역사학계에서 충분한 고찰이 있어 왔기 때문에, 이 책에서는 반복하지 않겠다. 단 지리학적인 관점에 한정해서 이야기하자면, 당시 역제는 전국을 복수의 역도로 구분하는 '역도제'가 근간이 되어 있었다. 이는 고려 전기에 확립된 제도이며, 본래는 간선도로변의 역과 그 분기선변의 역을 일정 영역으로 구분하여 한묶음으로 관리하므로써, 어느 정도 대로 노선과 상관관계가 성립된 제도였다. 조선에서도 기본적으로 고려의 역도제가 계승되었는데, 대로를 따라 길게 구분된 역도는 지역권별로 세분화되고, 대로와 역도 사이 상관관계는 별로 성립되지 않게 되었다. 다만 일반적인 행정조직과 별도의 영역과 경계를 가지고 있었다는 점이나, 읍치에 버금가는 관아 시설을 가지고 있었다는 점 등, 고려시대에서 계승한 개념들이 더 많다. 평구도나 청교도 등 역도명이나 역명 역시, 양 시대에서 공통된 것들이 많다.

각 역도의 영역 안에는 복수의 역이 존재하였는데, 그 역들을 대표하는 역을 '찰방역'이라고 부르며, 중앙에서 파견되는 관직인 '찰방'을 상주시켰다. 찰방은 역도 안에 입지하는 각 역 및 그 부속 취락(역촌)이나 자경지(역전)의 관리를 수행하였는데, 지역내 교통로의 토목적 정비 보수는 담당업무 밖이었다. 제도상은 교통로 관리를 도로라는 '선'이 아니라, 역과 그 영역적 집합체인 '역도'라는 '점과 면'에 의해 이루어진 것이다.

각 역은 그 격식 혹은 교통 수요에 따라 대로, 중로, 소로 등으로 등급이 나뉘어 있었다. 이 경우 대로는 이 책에서도 많이 사용하고 있는 '간선도로'라는 뜻이 아니라, 지역에 존재하는 교통시설들을 규모별로 구분한 것이다. 당시 법전인 『경국대전』에는 공설 숙소인 원을 대로에는 5호, 중로에는 3호, 소로에는 2호 설치한다고 명시하였다. 또 각 역에 배치하는 역마 수도 명확한 규정은 없었는데 등급에 따라 가감되어 있었다. 이처럼 역제에서 대로 등 명칭은 도로 그 자체의 토목적 규격이나 중요도에 의한 것이 아니라, 교통 거점 시설의 중요도를 나타낸 것이었다.

따라서 대로가 분포하는 범위도, 수도 서울(한양)을 중심으로 동심원상으로 펼쳐져 있었다. 그 주변의 두 번째 동심원 안에는 중로, 그보다 외곽에는 소로만 존재했다. 이들은 1445년 「국용 전제 규정」에서 정해진 것이며, 후에 법제화되었다.

다만 대로, 중로, 소로 등의 설치 규정은 상기처럼 원우院宇의 규모를 기준으로 할 경우와, 역의 규모를 기준할 경우, 그 범위나 분포가 크게 달랐다. 『경국대전』에는 원의 규모 대소를 정한 설명에서,

> '수도에서 개성부, 죽산, 직산, 포천까지를 대로로 하고, 양근까지, 개성부에서, 중화, 죽산에서 상주, 진천에서 성주, 직산에서 전주, 포천에서 회양까지는 중로로 하고 나머지는 소로로 한다'

고 적혀 있다.

상기 지명들을 방면별로 다시 배열하면 이하와 같이 된다.

1) 한성 「대로」 개성부 「중로」 중화 「소로」

2) 한성 「대로」 죽산 「중로」 상주 「소로」

3) (죽산에서 분기) 진천 「중로」 성주 「소로」

4) 한성 「대로」 직산 「중로」 전주 「소로」

5) 한성 「대로」 포천 「중로」 회양 「소로」

6) 한성 「중로」 양근 「소로」

　이들 경유지명을 보면, 1) 은 의주로, 2) 는 동래로, 4) 는 통영별로, 5) 는 경흥로, 6) 은 평해로에 거의 해당된다. 이에 근거하면『경국대전』의 간행 시기 즉 15세기의 국정 간선 도로망이 바로 이것이었다는 추정도 가능할 지 모른다. 실제로 이러한 기술은 현재에 이르기까지 여러번 인용되었으며, 그 중 대로가 1), 2), 4), 5) 등 4개 노선이었기 때문에 '4대로설'이 제기되어, 일반에게 근거 없는 '4대로설'이 유포되는 결과가 되었다.

　그러나 여기서 말하는 '대로, 중로, 소로' 등의 구별은 어디까지나 원의 설치 기준으로서 사용되고 있다.『경국대전』은 소로 영역 및 구간이 어디인지는 전혀 언급을 안했으며, 제주로나 강화로 등 다른 지리지에는 거의 모두 나타나는 노선들도 뚜렷이 나타나지 않는다. 또 노선 번호에 대한 언급이 없다는 것, 무엇보다 노선별의 설명이 전혀 없는 것 등으로 미루어,『경국대전』원우조의 기술은 노선망을 설명하는 것이 아니라 원의 규모별 분포를 명시하는 척도로서, 간선도로를 이용하고 있는 데 지나지 않는 것이다.

　원 다음에 역의 경우를 보자. 15세기말 이후 발행된『경국대전』의 복수의 증보판에는 병전에 역로조가 신설되어, 역을 역시 대로, 중로, 소로 등 규모별로 나누고 있다 이를 지도상에 표시하면 그림 1-4와 같이 되는데, 아까 원의 설치기준과는 대로든 중로든 영역적으로 거의 일치하지 않음을 알 수 있다. 이 사실로도, 법전류에 나오는 대로나 중로가 특정 노선을 가리키는 것은 아니고, 역이나 원과 같은 교통시설 규모를 나타내는 지표에 지나지 않는다는 것을 알 수 있다 .

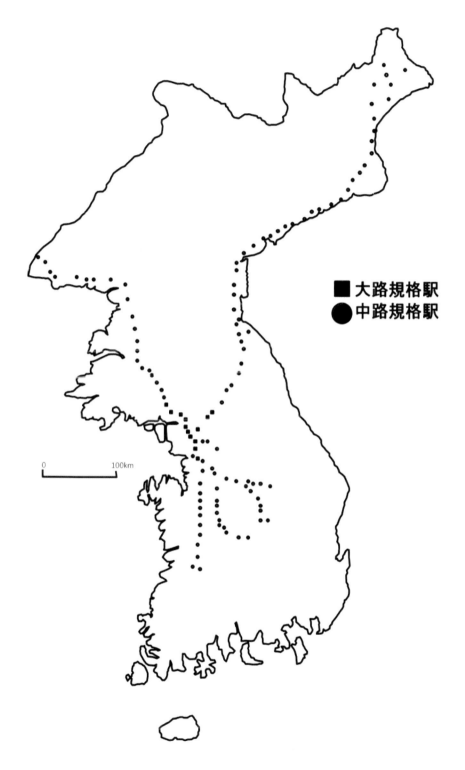

大路規格駅
中路規格駅

0   100km

그림 1-4에서는 중로가 의주로(제1로)와 경흥로(제2로)의 전구간과, 평해로(제3로), 동래로(제4로), 태백산로, 제주로 등의 일부를 차지하고 있는데, 이는 노선을 나타내고 있다기보다, 중로급의 역들이 결과적으로 대로변에 집중 입지하게 되었다고 봐야 할 것이다. 북한측에 무게를 둔 분포가 되어 있는 것은 중국과의 관계 및 임진왜란 이전의 군사적 상황을 반영하고 있다고 하겠다.

사실 경흥로 말단에서는 방위상 중요거점에 중로 역이 면적으로 전개되어 있다. 또 경상도 상주의 낙양역이나 함경도 안변의 삭안역 등 간선도로에서 떨어져 있지만 주요 도시 근교의 역으로서 중로가 되어 있는 경우도 있다. 이러한 사실에서, 국가 법전에는 노선체계에 대한 명확한 규정이 존재하지는 않았다고 추정되며, 교통체계 관리는 오로지 역제에 의해서만 이루어졌다고 생각된다.

물론 교통 혼잡을 분산시키기 위해, 목적지별로 일부 공식통행 경로를 지정한 문서도 있다. 따라서 필요한 장면에서는 부분적으로 통행로 지정도 했을 것이라고 생각된다.

4. 나가며

여기까지 조선시대 도로체계 특성에 대해, 지리지를 분석하고 제도를 검토하며 파악해 왔다. 지금부터 그 요약과 의미에 대해 정리한다.

먼저 노선 설정이 비공식적이고 가변적이라는 점이다. 일본 고대 역로나 근세 5가도처럼, 공식적으로 정해진 노선명이나 노선수, 구간이 존재한다고 하기는 어렵다. 이들이 명시된 사료는 많이 존재하지만, 표시된 대로체계는 대부분 유사성을 보이나 세부 사항은 제각각이라, 어느 시기에서든 통일된 기준이 존재했다고 생각하기 어렵다.

이들 차이점은 시대 흐름으로 인하여 생긴 변화라고 보기보다는 지은이의 인식 차이에 기인하는 것으로 생각된다. 대부분 사료는 실학자를 중심으로 한 개인 출판물 및 이들의 사본이며, 유일하게 공적인 간행물이라고 할 수 있는 『동국문헌비고』도, 그 제작과정에서 신경준 개인의 인식이 짙게 반영되고 있다고 생각된다. 그러한 개인 의존형의 사료 생성 과정과, 행정 측의 기준 결여가 대로체계의 부정성에 이어졌다.

행정측에서 대로 체계에 관한 명확한 기록이 없는 것은, 도로행정의 흠이라기보다 육상교통을 도로라는 '선'으로 관리하지 않고, 역도라는 '점과 면'으로 관리한다는 방식의 차이에 비롯된 것으로 생각된다. '선'의 관리는 어디까지나 토목부문(공조)의 영역으로 생각되고 있었다.

하지만 각 사료에 나타나는 대로체계에는 일치하는 것도 많고, 정부가 관습적으로 어느 도로

■ 강화로가 강화읍성으로 들어가는 동문 망한루

■ 1232년 몽고 침략에 대항하기 위해 개성에서 강화로 옮겨 온 고려궁 터

■통진에서 강화로 건너가는 관문인 문수산성

를 대로로 인식하고 있었는지는 대략 짐작할 수 있다. 거의 빠짐없이 대로로 헤아려지는 길은 의주로·경흥로·평해로·동래로·제주로·강화로였으며, 이들은 '6대대로'라고도 불렸다. 한편 태백산로·통영로·통영별로·충청수영로·수원별대로 등은 사료에 따라 나오기도 하고 빠지기도 한다.

6대대로는 강화로 외에는 국토의 인문지리적 뼈대를 형성하는 노선으로서의 기능을 가지고, 특히 의주로·경흥로·동래로는 외교기능까지 가지고 있다. 한편 통영로·통영별로·충청수영로는 군사시설로의 직행 노선으로서 설정되었으며, 태백산로는 사서의 보호를 위해, 수원별대로는 왕릉행차를 위한 대로이다. 즉 이들처럼 사료에 따라 출현하는 대로들은 국토간선으로서 기능은 없지만, 목적지의 중요성이나 상징성 때문에 특별히 대로로 인식된 것으로 생각된다. 군사목적의 노선이나 사료보전용의 노선은 왜란 호란등 16세기말부터 17세기초까지 연달은 침략전쟁의 대응책으로 설정되었다고 생각되며, 비교적 새로운 노선이어서 사료 취급에도 흔들림이 있다고 생각된다.

때문에 대로는 (상기처럼) 국토 간선형 대로와, 특수목적형 대로의 두 종류로 분류할 수 있다. 단 6대대로이면서도 단거리노선인 강화로는 특수한 경우로, 이는 강화로의 존재이유가 고려시대와 밀접한 관계가 있기 때문으로 보인다. 즉 강화로는 인식론적으로는 6대대로이지만, 기능면에서는 특수목적형으로 분류할 수 있을 것이다.

1km

제2장

옛길을 지도위에 이떻게 복원해야 할까?

1. 문헌자료를 통한 '점적 복원'

1) 활용 가능한 지리지들

옛길을 선으로서 복원함에 앞서, 주요 경유지를 점으로서 비정한다. 기점 및 종점을 특정하여, 또 가능한 많은 경유지를 특정하므로써, 점과 점을 잇는 선의 후보도 특정할 수 있게 된다.

경유지 비정을 위한 기준 자료로서, 복원 대상 시대에 편찬된 문헌사료, 특히 지리지류를 활용한다. 조선 지리지에는 교통로에 관한 기술이 있는 것과, 없는 것이 존재하지만, 기술되어 있을 경우, 주된 경유지점이 열거되어 있기 때문에, 이들 지명을 현행 지명으로 비정하면 '점' 복원을 비교적 용이하게 할 수 있다.

교통로 기술 방식엔 노선별로 순서를 따라 경유지를 기술한 '체계형', 지역별로 중심지로부터 다른 지역으로의 거리를 나타낸 '방면형', 교량과 고개, 역참 등 각 지역내에 입지한 교통로 관련 시설들을 열거한 '나열형' 등이 있다. 이 책처럼 '선'으로서의 옛길 복원을 지향할 경우에는 '체계형'에 속하는 지리지를 기준사료로 선정할 필요가 있다. 또 '체계형' 중에서도 지리지마다 기술의 목적, 방법, 주체, 시대 등이 차이가 남으로,

기준사료는 일단 한 종류를 이용하고, 기타는 대조, 보완용의 사료로 삼을 필요가 있다. 물론, '방면형', '나열형' 등 사료들도 보조사료 중 하나가 되어, 지명의 대조나 변천의 추적 등으로 활용할 수 있다.

'체계형'으로 분류되는 지리지는 다음과 같은 것이 있다.

1770년에 신경준이 지은『도로고』에는 현존하는 사료 중에서도 조선에서 '체계형'의 효시로 불린다. 신경준은 지리학뿐 아니라 역사학이나 언어학에도 정통한 학자이며, 그 해박함을 살려서『도로고』외에도『강역고』,『산수고』등 당시 역사지리학을 선도하는 저작을 많이 남겼다.『도로고』에는 수도를 중심으로 각 지방으로 방사상으로 뻗는 국토의 간선도로인 이른바 '대로'가 6개 노선, 거기서부터 분기하여 각 지방도시를 향하는 지선이, 역시 수도를 기준으로 방사상 형태로 기술되어 있다. 경유지점으로서 역참, 시장, 도시, 취락, 군사시설, 고개, 나루 등 다양한 인문지리학적 및 자연지리학적 랜드마크가 기재되어 있다. 지점간의 거리는 일정하지 않지만, 대부분 구간에서 5리내지 30리의 범위 안이며, 대략적 경로를 특정하기에 충분한 정보를 제공해 준다.

신경준은 같은 해 영조의 명에 의해 간행된『동국문헌비고』편찬에도 관여하여, 그 책 가운데 국내외 역사지리적인 지식을 망라한 부분인「여지고」부분의 편저를 담당하였다.

따라서「여지고」도리조와『도로고』는 도로체계 기술이라는 점에서 완전히 동일하여, 내용 면에서만 약간의 차이가 인정된 관계가 되고 있다. 예를들어『도로고』는 간선 대로를 6대로로 규정하고 있는 반면에,「여지고」에서는 군사시설 혹은 국경지점 등이 종점으로 설정되었다. 이는『도로고』가 신경준 개인의 저작인데 비해,「여지고」를 포함한『동국문헌비고』는 관찬문헌이라는 사실에 기인한 것 같다. 또「여지고」에 기재된 노선마다의 경유 지점수는 대략『도로고』의 절반 수준이며, 편찬 과정에서 정보의 선별이 이루어진 것으로 추정된다.

신경준이 '체계형' 도로망 기술을 지리지에 적용한 후, 여행 휴대용으로 도표 형식의 유사 자료들이 많이 작성되어, 또 필사를 통해 확산되었다. 이들에는「거경정리표」등의 제목이 부여되고, 한국의 전통적인 가계도인 '족보'와 유사한 방식으로 도로체계를 표현하였다(그림 3-1). 간선 가도의 노선 선정이나 노선수에서는 약간의 차이가 보이지만, 동일 노선에 있어서 경유 지명들을 비교하면 분명히 「여지고」의 강한 영향이 확인된다. 단 「도리표」류는 20세기 초까지 다양한 주체가 이본 작성을 계속하였기 때문에, 도시의 이동 등 초판 이후의 지리적 상황 변화를 반영하여, 약간씩 수정이 가해졌다.

'체계형'에는 김정호가 1861년에 저술한 지리지인『대동지지』도 전해지고 있다. 제27권에 「정리고」라는 제목으로 도로체계에 관해서 정리되고 있다. 이쪽도 형식상은 신경준의 일련의 저작영향이 인정되지만 경유지점명은 오히려 김정호의 기왕의(기존의) 저작과 일치하므로, 김정호의 독자적인 조사연구도 반영된 것으로 생각된다. 대로 수는 10대로 체제로 '체계형' 중에서는 가장 많은데, 왕릉이나 사고 등 궁실과 관련된 시설로 향하는 대로가 추가되었다. 노선당 경유지명의 밀도는『도로고』와 비슷하며, 특히 수도 주변에서는 3리 내지 10리마다 경유지명이 나타나는 고밀도 분포를 보이고 있다. 「정리고」를 이용하는 장점은 같은 저자에 의한『대동여지도』나『청구도』등의 전국 지도와의 대비를 통하여 다음 절에서 언급하는 '선적 복원'으로의 이행이 용이해진다는 점이다. 이 때문에 필자의 기왕의 연구에 있어서는 기본적으로 「정리고」를 기준사료로 삼아 왔다. 기타, 같은 시대에 집필된 기행문, 기행소설, 기행가사 등 문학작품이나 정부 기록류 등도, 보조 자료로서 유용하다.

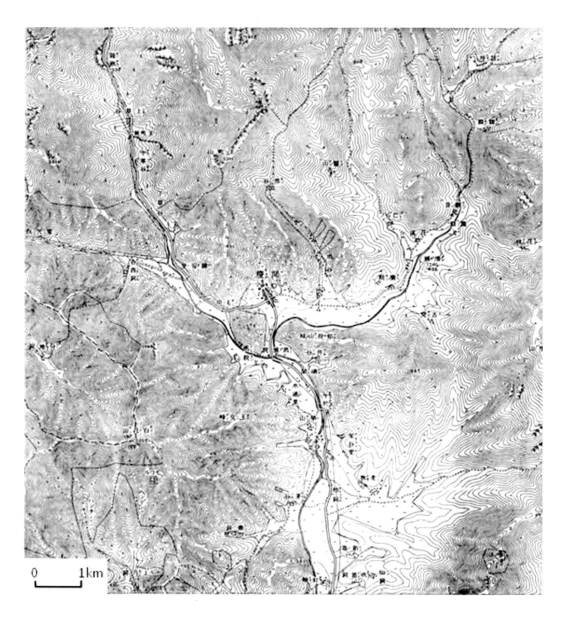

0   1km

그림 3-1 구한말에 작성된 지형도. 동래로가 아직 실선으로 그려져서 간선 구실을 했음을 알 수 있다. 측량이
정확하지 않기 때문에 그림 3-2와는 지형이 일치하지 않는다. 1:50,000 지형도 '문경' (1895)

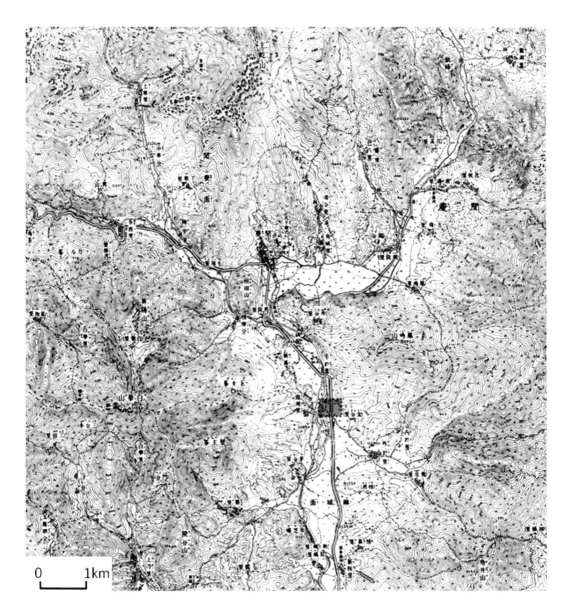

0   1km

그림 3-2 일제시대의 지형도에서는 신작로(현 3번국도 구 노선)이 실선으로 그려지고, 동래로 옛길은 점선으로 '강격'되었다. 남호리의 도하지점은 동일함을 알 수 있다. 회색 부분은 그림 3-3의 영역. 1:50,000 지형도 '문경' (1915)

2) 점적 복원의 절차

여기부터는 상기 자료들을 활용한 '점적 복원'의 절차에 대하여 개설하겠다. 목표는 기준사료에 기재된 경유지가 현행 지형도상에서 어느 지점에 해당되는지를 특정하는 일, 즉 비정을 하는 것이다.

우선 감영 소재지나 읍치 등 쉽게 비정이 이루어지는 곳부터 시작한다. 이들 도시 중에는 현재까지 시가지가 확대되어, 구 시가지 영역이 확실하지 못한 경우도 많지만, 구 지형도나 조선시대에 간행된 지도, 지적도 등을 사용하여, 관아 및 옛 시가지 영역을 추정한다. 관아소재지는 대략 40리 내지 60리 간격으로 분포하기 때문에, 각 지점간을 각각 직선으로 연결하면, 지리지에 기재된 경유지점 분포영역은 적어도 그 직선 주위에 한정되는 것이다.

다음에 비교하는 대상은 현재 사용되고 있는 지명들이다. 상기 작업으로 좁혀진 범위 내에, 해당되는 지명이 현행 지형도에 기재되어 있지 않은지를 확인한다. 현행 리 이름은 1914년에 조선총독부가 시행한 전국적 행정구역 개편 작업에 의해 통폐합된 것이 기초가 되어 있다. 개편 후 지명은 통합전 취락명(구 동리명) 중 하나를 그대로 살렸을 경우와, 복수 동리명을 합성하여 리명으로 삼은 경우가 있다. 이들도 실마리가 되며, 또 리명과 별도로 지형도에 기재된 자연취락명도 실마리가 될 수 있다. 단 도시계획이나 댐 조성 등으로 인하여 취락이 소멸되었을 경우에는 리명만이 실마리가 된다. 「신구 대칭 조선 전도 부군면리동 명칭 일람」을 활용하면, 각 법정리의 구 명칭을 쉽게 대조할 수 있다.

취락 명칭을 비교할 때 유의점은 한자의 읽기이다. 조선시대 지명은 공문서류에는 한자어가 쓰이는 한편, 지역주민들 사이에서는 순 한국어를 사용하는 경우가 많았다. 보통 원래 있었던 순 한국어 지명에 그 뜻을 한문으로 고친 한자지명이 병립되는 경우가 많다. 간혹 한자어만 존재할 경우와, 순한국어 지명의 한자 차음표기만 존재하는 경우도 있다. 지명사전이나 지자체, 지방문화원에서 간행된 지명유래집 등을 이용하면, 방언이나 리에종(liaison)에 의한 철자 변화, 축약형 등 여부 및 그 원형까지 확인할 수 있다. 『춘향전』과 같은 한글로 쓰여진 문학작품도, 지명사전과 같이 훈독 지명 해독에 유용하다.

셋째로, 현재 지형도에서는 소멸되고 있어도, 예선에 손재하던 지명만을 이용한 비정을 한다. 비교적 최근에 소멸된 지명이라면 구 지형도나 근대 시기에 제작된 지리지 등을 이용해서 비정이 가능한 경우가 있다. 이것은 일제시대 이후 개발사업으로 소멸된 지명에 특히 유효하여, 서울시내 등 대도시에서는 이런 방법에 의거할 비율이 많아진다. 근대 지리 사료에도 경유지명에 대한 실마리가 없을 경우, 조선시대 즉 해당 사료가 생성된 지 얼마 안 되어서 소멸되었거나, 별명이 원래 존재했을 가능성이 제기된다. 이럴 경우 같은 시대의 다른 사료를 조사하여, 그래도 확인이 안 될 경우 나중에 '선적 조사' 혹은 '현지 조사'에서 달리 알아봐야 할 것이다.

또 지명 그 자체가 사라져 있어도, 지명의 기원이 된 시설명 등이 취락명이 되고 남았을 가능성도 있다. '역마을', '원마을, 원터', '전촌', '장터' 등 고유명사는 없어도 기능면에서 부합되는 내용이 담겨져 있으면 비정의 길이 열린다.

이상과 같은 작업이 종료한 단계에서, 대부분의 경유지명 비정은 완료된다. 장소가 확정된 경유지는 현행 2만 5천분의 1 지형도에 점데이터로 기입한다. 이로서 각 경유지간의 경로, 예를 들어 어느 고개를 경유할 것인지, 어느 나루를 건널 것인지 등도, 적어도 몇몇 후보지로 좁힐 수 있다. 이 시점에서 아직 비정이 안되거나 애매할 경우, 또 후보를 좁힐 수 없었을 경우, 비정된 장소가 면적인 영역을 가지고 있는 경우 등으로 인하여 최종적인 확정에 이루지 못한 장소가 나온다. 이 부분은 제3절 이후의 작업을 통해 보완하게 된다.

2. 지도 자료를 통한 노선비정: '선적 복원'

옛길의 경로를 점의 연속이 아니라 '선'으로서 복원하기 위하여, 거시적 차원부터 미시적 차원으로 단계를 밟으며 서서히 스케일을 좁혀 가는 방식을 취한다. 구체적으로는 스케일별로 '거시적 복원', '중시적 복원', '미시적 복원' 등 3단계를 거치는데, 각자 사용하는 지도 자료나 목적, 방법이 다르다.

1) 거시적 복원

먼저 이루어지는 거시적 차원의 복원은 앞 절에서 언급한 '점적 복원'의 연장이라고 할 수 있다. 조선 전토를 그린 고지도를 주로 사용하여, 점적 복원의 성과를 보다 정밀화하는 것이다. 조선시대에 작성된 조선전도에는 여러 가지 표현 방법들이 있는데, 육상교통로가 묘사되고 있는 것도 있고, 산하나 도시 명 등 지명만을 그린 것도 있다. 전자 중에서도 수도와 직결되는 주요 대로만을 그린 것, 주요 분기선까지 그린 것, 수도와 관계 없는 지방도시간을 연결하는 도로까지도 그린 것 등 여러 가지이다. 거시적 복원에 이용할 경우에는 기준 사료의 경로와 되도록 일치되는 교통로가 많이 그려져 있다는 것, 고개나 도하지점, 역참 등 도로와 관계되는 시설이 되도록 많이 묘사되고 있는 점 등이 조건이 된다.

이러한 거시적 복원에 가장 유용한 지도는 김정호가 1861년에 작성한 『대동여지도』이다. 주요 도시의 위치는 천체 측량을 가하였기 때문에, 위치 관계가 비교적 정확하다는 점, 각 지방도시나 교통 군사적 요지를 잇는 노선이 망라되어 있다는 점, 산계 수계가 자세하게 기입되어 있다는 점, 역참이나 성곽 등이 기호로 기입되어 있다는 점, 도로에는 10리마다 눈금을 가하고 있다는 점 등 옛길 복원의 실마리가 될 요소들이 망라되어 있다. 목판본이기 때문에 지명 표기 밀도는 낮지만, 김정호가 『대동여지도』에 앞서 1834년에 작성한 필사지도인 『청구도』나 『동여도』(1856) 에는 보다 많은 지명들이 기입되어 있기 때문에 이들을 참고함으로써 지명 정보량도 충분히 확보할 수 있다.

『대동여지도』의 최대 이점은 앞서 언급한 바와 같이, 같은 시기 김정호가 출간한 『대동지지』의 내용과 연계되어 있다는 점에 있다. 「정리고」에 기재된 경유 지명들은 거의 채택되어, 『청구도』나 『동여도』에 기재된 연도 지명을 포함하면 더욱 자세한 경유지를 알 수 있다. 즉 앞 절에서 이루어진 '점적 복원'의 정밀화가 가능해지며, 그것이 마무리된 시점에서 특히 평야부에 있어서는 거의 10리마다의 '점적 복원'이 일단 완성된다.

이 같은 이점에서, 종래 복원연구에서는 『대동지지』를 기본사료, 『대동여지도』를 기본지도로 할 경우가 많았다. 이들 자료는 조선 말기에 작성되었기 때문에, 시대가 근접된 근대 사료와의 대조에도 유리하다. 물론 그 이외의 조합도 가능하다. 예를 들어, 신경준이 감수한 『팔도지도』에도 대로 경로가 사용되고 있기 때문에, 이들 기본사료로 활용할 수도 있다. 특히 조선 중기 이전의 시기를 특정해서 복원할 경우에는 이들 신경준 계열 사료를 사용하는 것이 지방도시의 통폐합이나 이전, 부활이 빈번하던 조선시대에 있어서의 시대고증이라는 관점에서는 옳다. 다만 그 정보의 양과 정확함에 있어서는 『대동여지도』와 비교가 안된다는 점은 유념할 필요가 있다.

거시적 복원의 수순으로서는 우선 전술한 '점적 복원'의 보완을 하고, 다음에 지도에 묘사된 다른 정보와 도로망을 대비시키면서 대략적인 위치관계를 확정시킨다. 이 때 특히 착안해야 할 것은 고개나 도하지점 등 교차지점의 위치를 특정할 수 있는 지점이다. 고개

명칭이나 나루 이름은 고지도에도 현행 지형도에도 기술이 있는 경우가 많으므로, 비교적 비정하기 쉽다. 지리지에도 지도에도 기재가 없을 경우에는 현지조사로 확인한다. 옛길이 통과하는 고개를 특정할 수 있으면 그 전후에 어느 골짜기를 지나가고 있는지도 예측할 수 있다. 나루나 교량의 경우도 마찬가지이나. 산악국가인 조선에서는 도로는 일부 평야지대나 구릉지대를 제외하고는 고개와 도하가 반복되기 때문에, 이들 지점을 특정할 수 있으면 복원의 정밀성은 현격히 향상된다. 전국규모의 복원도를 작성할 경우에는 여기까지의 작업을 현행 지도에 전사하면 가제 복원도가 완성된다.

『대동여지도』나 『동여도』의 결점은 거점간 도로가 직선 주체로 그려진 점이다. 아마도 김정호는 주요도시―도로―산수 순으로 지도의 밑그림을 작성했다고 추측될 수 있는 묘사 방법이다. 일반적으로 대규모 토목공사를 수반하지 않았던 조선의 도로에는 지형적 제약 등으로 곡선구간도 많았기 때문에, 이러한 지도만 봐서는 실제 선형은 알 수 없다. 『청구도』 등 다른 전국지도에는 곡선이 다용된 것도 있지만 실제 선형을 반영하지 못한 것이 많고, 부정확하다는 점에서는 마찬가지이다. 따라서 선형 추출은 고지도만에 의존하지 않고, 다음 항에서 이야기할 '중시적 복원'에서 행해진다.

2) 중시적 복원

'중시적 복원'이란 근세 지도 자료와 근대 지도자료가 병용된다. 복원 단위로서는 대략 현재 시군 단위이며, 축척은 지형도를 사용하는 관계상 5만분의 1을 기준으로 한다. 조선시대에 작성된 고지도 중 기본이 되는 것은 읍지도이다. 조선의 기초행정단위였던 '부/목/군/현'의 영역을 그 행정중심지이던 읍치를 중심으로 묘사한 지도이다. 조선 중기 것이라면 『해동지도』가, 후기라면 『1872년 지방지도』가 보존상태도 좋고, 정보량도 비교적 풍부하다. 『해동지도』는 기본적으로 모든 도엽에 주요 육상교통로가 주황색 선으로 그려져 있지만, 『1872년 지방지도』는 도엽마다 표현법이 제각각이어서 교통로가 생략된 도엽도 있다.

『대동지지』를 기본사료, 『대동여지도』를 기준지도로 삼을 경우에는 비교적 연대가 근접된 『1872년 지방지도』를 사용한다. 이 지도는 왕명으로 각 지방관에게 작성시킨 관찬지도이며, 지방 지리의 파악, 특히 방위와 세수에 관한 정보를 시각적으로 파악할 것을 목적으로 했다. 이 때문에 기본적으로 동리명, 면명, 창고, 군사시설, 장터, 그리고 도로가 도안에 있을 경우 이들을 연결하는 도로는 빠짐없이 기재되었다. 따라서 이들 정보와 거시적 복원의 결과를 조합함으로써, 각 지역내 도로 선형을 보다 상세하게 파악할 수 있다.

도로와 취락의 위치관계 파악을 위해서는 『1872년 지방지도』는 특히 유효하다. 조선의 지방도시는 간선도로 연변이나 연안 도시를 중심으로 석성이나 토성에 의한 위곽도시가 다수 입지하였다. 통상 복수 성문이 있었는데, 대로가 어느 성문으로 연결되는지, 또 성곽과 대로가 어떤 위치관계가 될지는 도시에 따라 달랐다. 대로가 한쪽 문에서 성 안으로 들어가서 다른 문으로 빠져나오는 '관통형', 특정 성문 바로 앞을 대로가 지나가는 '접선형', 성곽과 일정 거리를 두고 대로가 통과하여 연락선을 통해 성문과 연결되는 '격리형' 등 3개 유형이 확인되었다.

또 관통형 이외의 유형일 경우, 풍수지리설의 영향 때문에, 남문을 공식적인 대로 연락 지점으로 삼을 경우가 압도적으로 많은 것도 관찰되었다. 수도 한양으로부터 남쪽에 위치하는 성곽도시의 경우, 북문에서 출입하는 것이 수도와 왕래하기 위한 최단거리이며, 실제적인 교통 유동도 그렇게 되어 있을 경우가 많지만, 상징성 때문에 남문을 정문으로 삼은 관계상, 형식상 정규 교통로는 남문을 지나가게 하여, 사신 등의 공적여행자의 길로 삼았다. 이러한 위치관계는 성곽이 없는 읍치에서도 관찰된다. 이 같은 사실은 지형도나 현지답사만으로는 확인하기가 어렵고, 고지도를 활용해서 처음으로 발견되는 사례이다.

읍치 외 일반 취락에서도 고지도를 통해 대로와의 관계를 파악할 수 있다. 대로는 말하자면 당시 고속도로와 같은 것이며, 보통 농촌취락을 누비고 다니는 경로가 아니라, 거점간을 되도록 일직선으로 연결하는 경로를 선택하였다. 때문에 구릉지역에서는 농촌취락이 있는 평야부가 아니라 언덕 위를 진행하는 경우가 많이 발견된다. 한편 장터가 주막촌 등 교통로에 의존하여 성립된 취락의 경우는 당연히 도로변에 입지하여, 취락 안을 도로가 관통한다. 이같은 위치관계 역시 고지도로 확인이 가능하다. 단역이나 역촌 등은 그 성립의 특수성 때문에 길가에서 떨어져서 입지하였는데, 그 사실도 고지도를 통해 증명된다.

물론 이들은 정확한 측량에 의거하여 그려진 지도는 아니므로, 옛길 선형은 정확하지가 않다. 이 부분을 보정하기 위해, 근대 지형도를 이용한다. 일본 육지측량부는 조선에서 크게 두 종류의 지형도를 전국적으로 작성하였다. 하나는 대한제국기에 간행을 시작한 5만분의 1 지형도(그림 3-1) 이며, 또 하나는 일제시대에 작성된 역시 5만분의 1 지형도(그림 3-2) 이다.

전자에는 존재하지 않는 부분이 수없이 존재하여, 특히 전쟁 수행상 중요성에서 뒤떨어진 강원도에 관해서는 거의 백지로 남아 있다. 그리고 측량은 했지만 목측도 많고 정확하지가 않으며, 지명이나 취락 위치, 하도 등이 현행 지형도와 일치하지 않는 부분이 허다하다. 따라서 도로 선형도 정확하지 않은 구간이 있다. 이같은 단점이 있는 한편, 철도 부설이나 신작로 개수 이전에 측량되었기 때문에, 조선시대 대로가 그대로 간선도로로 그려진 경우가 많고, 또 1914년의 행정구역통폐합 이전 지명을 반영하고 있기 때문에, 조선시대 사료와 근현대 자료 사이의 가교 역할을 맡을 수 있는 장점이 있다. 한자 일기로 일본 가타카나가 병기되어 있는데, 훈독이 많아서 순 한국어지명도 대조할 수 있다.

후자는 현행 지형도에 곧 이어지는 계통인데, 정확한 삼각측량을 가하였기 때문에 도로의 선형과 양태가 충실히 재현되어 있다는 점, 또 일부 요새지역이나 국경지대를 제외한 모든 도엽이 작성되었다는 점, 현행 지형도와의 비교가 용이하다는 점 등 전자의 결점을 보완하는 역할을 한다. 지명은 1914년 통폐합 후의 것을 반영하면서 이전 동리명도 취락명 취급으로 괄호로 남겨 두었다. 신작로 개수와 직선화가 진행되어, 사용하지 않게 된 옛길의 일부는 표기 대상에서 빠진 부분도 있다. 하지만 대부분은 도보용 도로나 우마차로로서 남겨지고, 신작로 및 철도와의 교차 상황에서 선형 비정이 보다 정확해진다. 기타 시가지에서는 개화기에서 일제시대에 걸쳐 작성된 도시지도도 이 단계에서 활용한다.

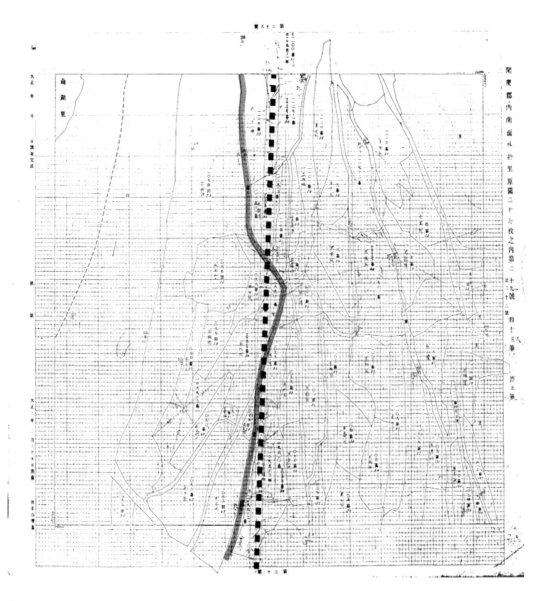

■ 그림 3-3 문경군 마성면 외어리 지적원도에 기재된 동래로(회색)와 신작로(점선)의 관계. 신작로는 지적원도 작성 도중에 새로 분필해서 기입됨을 알 수 있다.

이상과 같이 근세와 근대 지도자료를 병용함으로써, 지형도상에 복원도를 쓸 수 있을 정도의 선형 복원을 실행할 수 있게 된다. 하지만 상기와 같이 신작로 출현으로 표기가 소멸된 구간 등 일제시대 지형도에 노선이 제대로 나오지 않는 구간이나, 후보가 복수 나올 경우 등은 이 단계에서도 아직 정확한 비정은 할 수 없다. 특히 고갯길, 경지정리가 진행된 평지, 하천부지 등에 비정이 불가능한 장소가 나온다. 또 도시 안에서도 시가지 정비에 따라 옛길 경로가 소멸되거나 지도류에 시가지내 노선이 생략된 경우도 있어서, 선형을 확정짓지 못할 경우도 있다. 이들은 아래 '미시적 복원'으로 검증하게 된다.

3) 미시적 복원

미시적 복원 스케일은 1,200분의 1부터 2,500분의 1 정도이다. 1,200분의 1은 한국에서 사용되는 지적도의 표준적인 축척이며, 2,500분의 1 의 도시계획 등으로 사용되는 국토기본도의 축척이다. 조선총독부에는 임시토지조사국이 설치되어, 1911년부터 18년까지 전국을 대상으로 토지조사사업을 시행하였으며, 그 때 토지조사부, 토지대장과 같이 택지나 농경지 등에 대해 지적도가 만들어졌다. 전근대의 토지측량 성과에 일체 의존하지 않고 전국 일제히 통일된 방법으로 측량했기 때문에, 완성된 지적도는 범례나 묘사방법에 차이가 없다. 토지조사사업 때 새로 작성된 지적도를 특별히 '지적원도'라고 한다. 원도는 그 후 분필이나 합필을 반복하면서 수시로 갱신되고, 현재는 수치지도로 이행하였기 때문에 종이 지적도는 행정 목적의 사용을 중단하였다. 다만 수치지도도 기본적으로 폐쇄지적도의 내용을 인계한 것이며, 번지 부여 방식 등은 그대로이다. 하지만 '미시적 복원'에 먼저 사용되는 것은 조선왕조시대 도로 상황을 가장 잘 반영한 '지적원도'가 된다.

'중시적 복원'까지의 작업으로 확정이 안되었거나 애매했던 옛길 선형도 지형원도에는 제대로 남아 있을 경우가 많다. 또 지번 부여 방식은 현행 지적도와 마찬가지여서, 도로 양옆 지번과 필지 형상, 용도 등을 실마리로 신구 지적도를 비교하면, 옛길 경로가 나타나게 된다. 경지정리나 시가지 구획정리 등으로 지번에 변화가 있을 경우에도 축척을 고려하면 현행 지적도로의 비정은 정확히 할 수 있다. 이 작업으로 '중시적 복원'까지로는 분명히지 않았던 구간의 신형 복원이 가능해짐과 농시에, '중시적 복원'에서 5만분의 1 수준으로 복원한 구간에 있어서도, 보다 상세한 선형을 비정할 수 있다. 예를 들어 신작로 개수와 중복될 구간에서 2 내지 4 칸의 폭이 있는 신작로 중 어디쯤이 옛길 노반이었는가 하는 자세한 복원도 할 수 있다.

지적도는 원칙적으로 취락 및 농경지에만 작성되고, 그 외 토지에는 임야도가 작성되었다. 임야도도 지적도와 축적만 다르고 표현법은 마찬가지여서 도로 복원에 쓸 수 있으나, 도로가 생략된 부분도 있어서, 모든 구간에서 이용 가능한 것은 아니다. 특히 고갯길이나 하천부지 등에서는 거의 도로 표기가 없기 때문에, 현지 조사를 통해 복원하게 된다.

한편 시가지에서는 후보가 될 도로가 복수 존재하여 특정할 수 없을 경우도 있기 때문에 역시 현장조사에서 해결해야 한다. 그리고 국토기본도는 임야 구간 혹은 시가지 골목길이 잘 표시되어 있어서, 현장조사에 활용 가능하다.

이상으로 책상 위에서 실행할 작업들은 일단 종료된다. 이들 결과를 현행 지형도와 지적도에 전사하여, '가제 복원도'로 삼는다. 이 시점에서 보통 90% 이상의 옛길 경로는 확정되어 있을 것이다.

3. 현장조사

현장조사에서는 경관관찰, 인터뷰, 추가 자료수집 등을 행한다.

고갯길이나 하천부지 등은 앞서 말한대로 지도 자료에 옛길 흔적이 나오기 어렵지만, 현지에서는 노반 흔적을 발견할 수 있는 일이 가끔 있다. 고개나 구릉지대에서는 길손들의 잦은 왕래로 인하여 침식된 구덩이가 확인되거나, 급경사에서는 성토나 절개 등의 토목공사를 가하여 노면을 확보한 흔적이 확인될 경우도 있다. 농지에서는 논두렁에 옛길의 흔적이 있거나, 취락 안에서는 지적도로 확인할 수 없는 골목길이 남아 있을 경우도 있다. 나루터 흔적이나 옛길과 관련된 비석 등도 현장조사를 통해 발견된다. 노변 취락에서는 예전에 주막이나 마방이었던 건물이 현존하고 있을 경우도 있다. 이처럼 지도나 사료에 나타나지 않는 증거물들은 현장 경관관찰을 통해 얻어 간다. 옛길 조사가 목적인 이상, 조사 대상 전구간을 걸어서 조사하는 것이 바람직하다.

경관관찰 다음에 하는 것이 인터뷰 조사이다. 가까운 과거까지 옛길이 실제로 이용되었던 점을 이용하여, 인터뷰는 현지 어르신들로부터 옛 기억을 끌어내는 것이 주목적이 된다. 필자는 각 취락의 마을회관 등을 찾아가 주로 인터뷰를 하였다. 지역차는 있지만 한국의 지방에서는 1950년대까지 도보교통이 주된 교통수단이었으며, 인터뷰를 통해 장보기

등을 위해 편도 50리 정도를 도보로 왕래히 었다는 이야기를 들을 수 있다. 고갯길 등에서는 신작로보다 옛길이 훨씬 단거리일 경우가 많기 때문에, 도보여행자는 옛길을 선호하는 경향이 있었다. 이같은 설명을 들을 수 있는 것은 늦어도 1940년대 이전에 태어나신 분들이지만, 그 아랫 세대도 전해 들은 이야기를 말해 줄 때가 있다. 설명이 알기 어려운 부분은 실제로 안내를 받는 등 해서, 옛길 경로에 대한 정보를 보완할 수 있다. 또 인터뷰에서는 옛길에 관련된 일화나 전설, 취락의 길과의 인연 등에 대한 취재도 필수이다.

현지 추가자료 수집에서는 현장에서만 얻을 수 있는 자료를 수집한다. 관공서, 도서관, 박물관, 문화원 등이 수집 대상이 된다. 또 지역에 따라서는 향토사 연구책이나 향토사학자를 통해서 얻을 수 있는 정보도 중요하다. 문화재 조사보고서나 공문서관, 개인소장의 고문서 등도 빠뜨릴 수 없다. 이들의 조사결과를 토대로, '가제 복원도'를 보완 및 수정하여 최종적인 '복원도'를 완성시킨다.

이상의 복원법은 전통적인 역사지리학적 경관복원법에 입각해서 자신의 경험을 덧붙여서 완성시킨 것인데, 다른 시대, 다른 지역에서도 각지의 자료 잔존상황 등을 가미하면서 충분히 활용이 가능하다고 생각한다. 실제 필자는 한국에서 개발한 이 기법을 일본 옛길 복원에도 사용하고 있다.

제3장

지적원도를 활용한 동래로 문경구간의
역사지리학적 복원

* 제3장은 2006년 문경시에 제출한 연구영역 보고서가 바탕이 되어 있다. 앞장까지 내용과 겹치는 부
  분이 있기에 양해를 바란다.

제1절 한국의 옛길의 모양과 문경

1) 옛길의 생김새와 기능

　조선시대의 기간교통로는 육상교통로로서는 도로, 수상교통로로서는 하천수운이 존재
하였다. 도로는 대부분의 구간에서 차량 통행을 전제로 하지 않았으며, 도보 혹은 마배에
의한 교통을 위한 규격으로 되어 있었다. 시냇물에서나 교통량이 비교적 많은 하천, 왕의
행차가 잦은 하천 등에는 돌다리가 건설되는 경우도 있었지만, 대부분의 하천에서는 나룻
배로 강을 건너는 것을 원칙으로 하고, 갈수기인 겨울에서 장마철까지만 토교土橋를 가설
하는 것이 고작이었다. 당시는 가교기술이 현재처럼 발달되지 못하고 재정적인 여유가 없
었던 탓도 있지만, 도로는 외세가 침입했을 때마다 침공 경로로 사용되어 온 역사 때문에
자연의 관문으로 남겨 두려는 의도도 있었을 것이다. 의주로의 임진강 도하지점 좌안에
임진관이 설치되어 있었던 것은 이를 증명한다. 또한 고갯길도 대대적인 토목공사를 하지
않은 채 거의 자연의 경사 그대로 따라 가는 선형이었다는 점, 지형을 이용해서 잔도棧道
를 곳곳에 설치하였다는 점도 간선도로의 요소마다 애로를 만들어 외세의 침입을 막으려
는 의도로 해석된다.

따라서 물자수송로로서의 도로의 역할은 미미할 수밖에 없었으며, 화물을 대량으로 실어 나르는 경우, 예를 들어 세곡稅穀을 수송할 때나 목재 장작 등을 반출할 때 등은 하천 수운이 주로 역할을 맡았다. 화물수송을 기준으로 볼 경우 하천이 간선교통로였으며, 도로는 그 보조적인 수단을 담당하였다. 백두대간에 접하는 문경은 낙동강과 한강 양쪽의 영향권이 겹쳐지고 있었지만, 읍내에 들어오는 물자는 황강 견탄 등지에서 도로교통 수단으로 환적換積하고 들어오고 있었다.

도로가 제 기능을 발휘한 것은 오히려 여객교통이었다. 여객교통에는 몇 가지 유형이 있었다. 서울과 지방을 연결하는 옛길을 흔히 '과거길'이라고 한다. 보통 수도에서 실시된 관리등용 시험인 과거科擧를 치르기 위해, 전국에서 응시생들이 상경하는 길이라는 뜻이다. 옛길의 경로를 알고 있는 지역의 고로古老들이 옛길을 가리키는 명칭으로서 가장 많이 쓰는 용어가 바로 과거길이다. 이 경향은 특히 관리를 비교적 많이 배출한 충청도·경상도·전라도 지방에서 흔하며, 또 지선보다 간선도로에서 보다 많이 들을 수 있다.

그리고 그들이 관리에 임용이 되어 감사나 군수 등 지방관으로 임용될 때, 임기를 마치고 서울로 돌아갈 때 사용한 길이기도 했다. 기타 관리들의 공무여행도 잦았고, 그들의 편의를 위해 역·관·원·객사 등 관련 시설들이 정비되어 있었다.

공무여행 중 가장 많은 인력을 동원하는 것이 외국으로 향하는 사신이었다. 가장 빈번하였던 것이 북경을 향하는 연행사燕行使였지만, 일본을 향하는 통신사通信使도 500명 전후가 될 일대 사신단이었다. 문경은 통신사가 오가며 반드시 통과해야 하는 요충지였으며, 수많은 통신사들이 그들의 사행기에 문경에 관한 인식을 서술하고 있다. 이 역시 옛길을 찾기 위한 중요한 사료가 된다.

양반들이 풍류를 찾아 금강산·청량산·지리산 등을 찾아 나설 때도 이 길을 걸어 다녔고, 때로는 안타깝게도 공직 생활에 실패하고 유배를 당할 때 역시 길의 신세를 져야 했다. 한마디로 양반들의 일생이란 내내 길과 함께하는 것이었으며, 기행문 등 그들의 저술 활동을 통해서 길이 오늘날까지 전해 오고 있는 것이다.

관도官道를 지정 및 유지한 궁극적 목적은 군사목적이었다. 서울과 국토의 변방 사이에서 얼마나 신속하게 군사를 이동시킬 수 있는지가 중요하였기 때문에 노선은 모두 직선형태를 취하고 있다. 관도의 종점이 동래로가 경상우수영, 농영별로가 통제영, 해남로가 우수영, 충청수영로가 충청수영 등 군사 요충지나 국경지대로 되어 있는 것 역시 길의 군사적 목적을 잘 나타내고 있다. 역으로 임진왜란이나 병자호란, 청일전쟁 등 외세 침입때는 주된 진격로가 되기도 하였다. 관도상에는 이들의 신속한 침공을 막기 위한 장치가 여기저기에 되어 있다.

민간부문의 이용은 양적으로는 공적인 이용보다 훨씬 많았다. 이미 언급한 것처럼 대량의 화물수송에는 하천수운이 이용되었지만, 지역내의 소량 물자유동에는 도로가 주된 수송로 역할을 하였다. 조선시대 후기에는 지역 상품경제의 발달로 인하여 교통로를 따라 정기시장이 개설되었는데, 그 대부분은 5일장이었다. 5일장이 서는 날은 지역에 따라 1, 5일, 2, 7일, 3, 8일 등 달리하고 있으며, 보부상들은 이를 이용해서 장터에서 장터를 걸어다니며 상품을 팔았다. 농민들도 아침에 농산물을 등에 지고 집을 떠나 낮에 장터에 도착해서 그것을 팔아 생긴 돈으로, 혹은 물물교환으로 생필품을 사서, 국수에다 막걸리를 마시고 저녁에 귀가하는 행태를 보였다.

이 때 이용된 교통로도 역시 도로였는데 이 경우는 꼭 관도나 과거길 만을 이용한 것이 아니라 각 마을에서 지역의 경제적 중심지를 향하는 길이 이용되었다. 한편 예외적으로 장거리 이동으로서는 소장수처럼 멀리 서울을 향하는 이동도 있었는데, 이 경우는 결국 관도를 이용하는 경우가 많았다.

도보교통로를 이용한 공무여행은 이후 철도나 차량의 출현으로 쇠퇴되었다. 그러나 민간의 이용은 일제시대에도 내내 지속되어, 버스 교통이 대중화되는 1950년대까지 지속되었다. 현재 연구자들이 현지주민 인터뷰를 통해서 옛길에 관한 정보를 비교적 쉽게 입수할 수 있는 것은 지금 70대 이상의 주민이 바로 그 길을 일상적으로 이용하였기 때문이다. 요즈음 해를 거듭할수록 눈에 띄게 제보자를 만나기가 쉽지 않다는 것을 실감한다. 현지조사를 통한 옛길의 복원작업을 서둘러야 할 이유는 현대화로 인한 토지이용 변화와 함께 제보자의 소멸이라는 긴박한 문제가 있기 때문이다.

관도는 크게 대로, 중로, 소로로 분류되고 있었다. 이것은 물리적인 도로의 규격으로 분류된 것이 아니라, 도로변의 각 역에서 공급이 가능한 말의 수를 기준으로 한 것이다.

공무여행이나 군사행동을 염두에 둘 때, 길의 수송능력을 재는 잣대는 절대적으로 동원 가능한 마필의 수였기 때문이다. 이는 일본의 경우도 마찬가지이다. 보통 대로의 경우 26~36마리, 중로의 경우 16~24마리, 소로의 경우 4~12마리를 상비토록 규정되어 있었다고 한다. 문경시 관내의 관도는 모두 중로에 속하였다.

2) 관도의 노선체계와 문경

문경은 육상교통로에 있어서는 말 그대로 경상도의 현관문 역할을 맡고 있었다. 경상도의 동북부와 서남부의 극히 일부 지역을 제외하고는 모든 관도가 문경 새재를 통과하고 있다. 간선교통로가 되는 제4대로인 동래로(영남대로)를 비롯하여 그로부터 분기될 영해로, 통영로, 울산로 등이 그 주축을 이루고 있다. 다만 울산로는 상주(함창) 관내인 덕통역에서 분기되어, 통영로도 『대동지지』나 『대동여지도』에서는 유곡역에서 분기한 것으로 되어 있지만 실제로 갈라지는 것은 당교(때따리) 부근으로 추정되기 때문에, 문경시 관내에 관계되는 관도는 동래로(조령~당교)와 영해로(견탄~산양) 등 두 노선이다.

제2절 지리지를 활용한 문경 동래로의 점적 복원

1) 문경의 옛길들

현 문경 관내에서는 어떤 길들이 있었을까? 물론 기둥 역할을 하는 도로는 동래로(영남대로)이다. 동래로는 한양에서 영남지방을 관통하여 동래 부산, 그리고 일본에까지 연결되는 대동맥이다. 문경은 영남대로상 경상도 첫 읍치이기도 하며 지형상 산간에서 평지로 나가는 곳이기도 하므로, 한꺼번에 여타 지선들이 나뉘어진다. 동쪽 방향으로 나가는 길로부터 시계방향으로 설명하면, 영해로는 신원(현 마성면 신현리)에서 나뉘어져(실제로는 견탄 분기로 간주됨) 산양 · 용궁 · 예천 · 풍산 · 안동 · 책거리 · 진보를 거쳐 영해까지 나갔다.

울산로는 함창 덕통역에서 나뉘어져 다인 · 안계 · 비안 · 군위 · 신녕 · 영천 · 경주를 거쳐 울산까지 가는 길이다. 통영로는 유곡역에서 나뉘어져 함창 · 상주 · 성주 · 현풍 · 칠원 · 함안 · 진해 · 고성을 거쳐 통제영, 나아가 거제까지 연결되는 길이었다. 이들 지선들은 또 경상도 대부분의 읍치나 진보로 연결되는 2차, 3차 분기선을 가지고 있어서, 문경은 마치 부채 손잡이 부분과 같은 지리적 중요성을 지니고 있는 것이다.

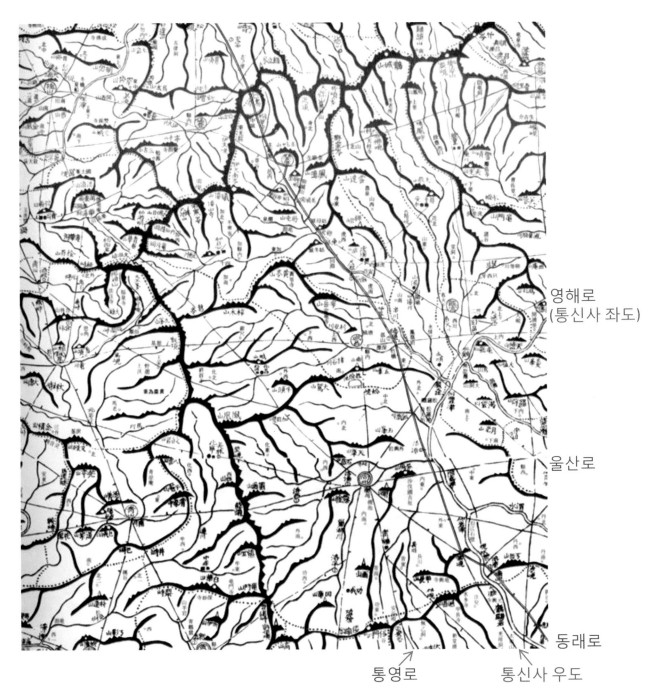

영해로
(통신사 좌도)

울산로

동래로

통영로　　　　통신사 우도

■ 대동여지도(부분)

1)지리지를 이용한 접적 복원

먼저 바탕자료로 사용한 것은 『대동지지』이다. 앞에서 설명한 바와 같이 조선시대에는 옛길 경로를 상세히 서술한 자료가 세 가지 존재한다. 그 중에서 『대동지지』는 지적원도 작성시기와 가장 근접하고 있다는 점, 같은 김정호에 의한 『대동여지도』와 대조할 수 있다는 점, 같은 시기에 대원군의 명으로 제작된 군현지도와 대조할 수 있다는 점 등에서 기초자료로 활용하기에 가장 적합한 것으로 생각된다.

『대동지지』 자체는 조선의 총합 지리지이지만, 제27권이 『程里考』라는 제목이 부여되어, 당시 관도 경로를 상세히 서술하고 있다. 보통 5리의 배수로 경유지를 기록해 놓고 있는데, 이들 중에는 읍치 · 역 · 원 · 참 · 주막촌 · 고개 · 나루 · 병영 등 도로상에서 랜드마크가 될 만한 지점들을 표시하고 있다. 어디까지나 랜드마크로서 기재되어 있기 때문에, 예를 들어 모든 주막촌을 표시한 것이 아니라, 길의 경로를 특정하기 위해서 꼭 필요한 주막촌만 표시하고 있다. 일반적으로 서울(한양)과 가까운 기호지역에서는 짧은 거리 간격으로 자세하게 지점을 표시하고 있는 한편, 멀리 종점에 가까워질수록 간격이 40리, 60리 등으로 길어지는 경향이 있다. 또한 본선보다 분기선 쪽이 지점표시 간격이 길어지는 경향이 있다.

먼저 할 작업은 이들 지점을 현재 지도상에서 특정하는 것이다. 이 시점에서는 정확한 점을 찍기는 힘들기 때문에, 대략의 지역을 특정한다. 취락이 소멸되거나 명칭이 변경되는 경우도 종종 있지만, 고지도와 지명총람 등을 활용하면 대략 찾을 수가 있다. 특히 문경 관내의 경우 특별히 찾기 어려운 지명은 존재하지 않았다. 순서대로 기술하면 다음과 같다.

<동래로>

鳥嶺山城桐華院 = 현 새재공원 내 동화원 터 자리

草谷 = 현 새재공원 제1관문 안 구 草谷店 자리

聞慶 = 현 문경읍내(상리)

馬浦院 = 현 문경읍 마원리 마포교 북단

新院 = 현 마성면 신현리 신원마을

窟偶 = 현 호계면 견탄리 및 불정리(고속도로 교량 부근)

幽谷驛 = 현 유곡동

<영해로>

虎溪 = 헌 호계면 호계리

山陽場 = 현 산양면 사무소 소재지

　이들 지점을 직선으로 연결하면 옛길 경로의 골격이 나온다. 더불어 '정리고' 안에는 자세한 주기註記들이 곳곳에 들어 있다. 예를 들어, 초곡 항에는 '有關門曰主屹關'이라고 주기되어 있다. 이에 따라 초곡의 위치가 주흘관(제1관문) 옆 초곡점 임을 특정할 수 있다. 마포원 항에는 '自草谷 至葱田十里 馬浦院十里 此不入聞慶 而直行'이라고 주기되어 있어서, 문경읍내를 들렀다 나가는 본 도로 외에, 문경에 볼일 없이 직행하는 여행자를 위해 총쟁葱田(잣밭산 서쪽)을 초곡에서 마포원으로 바로 가는 지름길을 제시해 주고 있다. 신원 항에서는 '路經兎遷 甚危險'이라며 토끼비리(관갑천 잔도)의 존재를 기록해 두고 있다. 유곡 항에서는 '渡犬灘'라고 되어 있어서 굴우와 유곡역 사이에서 견탄을 건넌다는 사실을 알 수 있으며, 굴우가 강의 좌안에 존재함을 확인할 수 있다.

　다음에 『대동지지』의 정보를 보완하기 위해 『대동여지도』를 활용한다. 같은 저자가 같은 시기에 제작하였기에, 양자는 상호 보완 관계에 있으며, 한쪽에 있는 지명이 한쪽에는 없는 경우도 있으나, 대부분 공통된 정보를 가지고, 무엇보다 서로의 표기가 모순되는 일이 거의 없다. 그래서 『대동여지도』는 『대동지지』상에서 확인된 옛길의 경로를 공간적으로 파악하는 데 유용하다. 문경의 경우를 예로 들면, 제1관문과 제3관문을 경계로 하여 조령산성이 구성되어 있었다는 점, 제2관문이 '中城'으로서 기능하고 있었다는 점을 확인할 수 있다. 이로써 『대동지지』에서 '鳥嶺山城桐華院'이라고 조령산성과 동화원이 마치 일체화된 것처럼 표시되어 있었던 이유를 알 수 있다. 조령산성 영역 안에 동화원이 위치하고 있다는 이야기이다.

　다만 『대동여지도』에서 명백한 오인으로 보이는 잘못도 일부 있다. 문경의 경우 고모산성의 서쪽에 도로가 통과하고 있다는 점, 고모산성 북쪽에 있어야 할 신원리가 남쪽 즉 진남교반 근처에 입지하고 있다는 점 등이다. 『대동지지』에서는 동래로와 영해로가 신원리에서 분기된다는 지형상 있을 수 없는 내용의 표기가 있는데, 『대동여지도』를 확인함으로써 이것이 신원리의 위치 자체가 잘못되어 있기 때문임을 알 수 있는 것이다.

조선후기의 읍지도도 옛길 경로 보완에 유용하다. 문경의 경우 비교적 상세한 지도가 있으며 특히 「鳥嶺鎭山圖」는 김정호의 저술에서는 확인할 수 없는 교귀정交龜亭이나 당교唐橋 등의 지점을 추가로 확인할 수 있다.

『대동지지』의 '정리고' 외에도 각 읍마다 상세히 기재되어 있는 지리지 부분도 참고가 될 부분이 많다. 이 부분은 『신증동국여지승람』이나 『여지도서』와 같은 선행 지리지의 기술에서 인용한 부분도 상당히 있어서, 『대동지지』의 기술을 기초로 하여 선행 지리지로 보완하는 형태를 취한다. 거기에다 관찬, 사찬 읍지의 기술까지 참고해서 정보를 정리한다.

2) 거경정리표(도리표)의 활용

여기서는 앞 장에서 정리한 옛길의 역사지리학적 복원방법을 실제로 활용하여, 문경을 통과하는 동래로(영남대로)를 실제로 복원해 보고자 한다. 단 동래로의 복원 자체는 몇몇 선학들이 필자에 앞서 수행하였으며, 여기서 소개하는 것은 필자가 별도로 수행한 것임을 밝혀 둔다.

제1장에서 소개한 것처럼 동래로는 현존하는 모든 지리지에서 대로로 취급되고 있는 길이다. 다만 서지에 따라 묘사되어 있는 모습은 약간씩 다르다. 출발지가 서울인 것은 동일하지만 종점은 동래·부산진·좌수영 등 3 종류가 있다. 중간 경유지수는 『도로고』등 자세하게 쓴 것과, 『동국문헌비고』등 간략하게 쓰인 것으로 나뉜다. 또 각각 경유지명 표기방법은 필사시의 오기나 약자 사용까지 생각하면 여러가지가 된다. 여기서는 동래로의 차이점을 생각하기에 앞서 조선 전체 도로체계가 지리지마다 어떻게 쓰여지고 있는지에 대해 정리하고자 한다.

필자는 다른 논문에서 거경정리표류는 크게 '도로고 혼합형'·'(동국문헌비고)여지고 직계형'·'여지고 변형형'으로 나눌 수 있으며, 그 중 대부분은 '여지고 변형형'에 속하며

No.	Cover Title	Caption Title	Holding Instition	Year	Notes
1	정리표 程里表	거경정리표 距京程里表	국립 도서관 朝60-6		
2	여재촬요 輿載撮要	동국팔역도리표 東國八域道里表	장서각	1883	Coupled with "상경표"
3	여지편람 輿地便覽 坤(1/2)	거경정리표 距京程里表	장서각		Coupled with "상경표" (乾)
4	인구 寅球	거경정리표 距京程里表	국립 도서관		
5	정리표 程里表	거경정리표 距京程里表	국립 도서관 朝60-66		
6	도리표 道里表	거경정리표 距京程里表	국립 도서관 승계古2700		
7	해동도리보 海東道里譜	거경정리표 距京程里表	규장각 奎古4790.30		"상경표" in same book
8	정리표 程里表 單	거경정리표 距京程里表	규장각 奎7017		
9	도리표 道里表	거경정리표 距京程里表		1912	광문회 편집
10	정리표 程里表	(이름 없음)	국립 도서관 경고385132 J465		
11	정리표 程里表	정리표 程里表	규장각 奎6243		
12	도리표 道里考	도리고 道里攷	국립 도서관		
13	정리표 程里表	거경정리표 距京程里表	국립 도서관 朝60-77		
14	기봉방역지 箕封方域誌 坤(1/2)	거경정리표 距京程里表	규장각 奎11426		Coupled with "상경표" (乾)
15	도리표 道里考	(이름 없음)	국립 도서관 朝60-8		
16	팔도지도 이?록 八道地圖 里?錄	거경정리표 距京程里表	규장각 奎古4709-14	정조 시대	
17	도리표 道里考	거경정리표 距京程里表	고려대학교 도서관 薪菴文庫B10A98		
18	기봉방역고 箕封方域考 坤(1/2)	정리표 程里表	고려대학교 도서관 六堂文庫B10A1		
19	도리표 道里考	거경도리표 距京道里表	고려대학교 도서관 六堂文庫B10A5		mother of no.9
20	임원경제지 林園經濟志	팔역정리표 八域程里表	고려대학교 도서관	1824	서유구(徐有榘) 편집
21	대한신지지 大韓新地誌 坤(1/2)	도리표 道里考	규장각	1907	Coupled with "상경표" (乾).
22	동여기략 東輿紀略 春(1/4)	거경정리표 距京程里表	규장각 奎6240		장지연 편집
23	해동주차도 海東舟車圖	거경정리표 距京程里表	규장각 奎12640		
24	산리고 山里考	거경정리표 距京程里表	규장각 奎3886		
25	정리 程里	거경정리표 距京程里表	세이가도 분코 (일본)		"상경표" in same book
26	노표 路表	거경정리표 距京程里表	세이가도 분코 (일본)		
27	도리표 道里表 全	거경정리표 距京程里表	세이가도 분코 (일본)		
28	팔도정리표 八道程里表	거경정리표 距京程里表	고려대학교 도서관 六堂文庫B10A2		
29	해동직방표 海東職方表	거경정리표 距京程里表	오사카 서문 도서관 (일본)		

대표적 지리지 및 거경정리표(도리표)류에 나타난 동래로(영남대로) 경유 지명

도로고 (道路考)	동여기략 (東輿紀略)	여재촬요 (輿載撮要)	대동지지 (大東地志)	동국문헌비고 (東國文獻備考)	대한신지지 (大韓新地誌)	도리표 광문회본 (道里表 光文會本)
경(京)	경(京)	성(京)	경도(京都)	경성(京城)	경(京)	경(京)
한강(漢江)	한강(漢江)	한강(漢江)	한강(漢江)	한강(漢江)	한강(漢江)	한강(漢江)
신원점(新院店)	신원점(新院店)	신원점(新院店)	신원(新院)	판교참(板橋站)	판교참(板橋站)	판교(板橋)
현천점(懸川店)	현천현(懸川峴)	현천현(懸川峴)	월천현(月川峴)	험천(險川)	험천(險川)	험천(險川)
판교점(板橋店)	판교(板橋)	판교점(板橋店)	판교점(板橋店)	용인(龍仁)	용인(龍仁)	용인(龍仁)
험천(險川)	험천(險川)	험천(險川)	험천(險川)	직곡(直谷)	직곡(直谷)	직곡(直谷)
열원(列院)	열원(列院)	열원(列院)	용인(龍仁)	양지(陽智)	양지(陽智)	양지(陽智)
용인현(龍仁縣)	용인(龍仁)	용인(龍仁)	어정개(於汀介)	좌찬(佐贊)	좌찬(佐贊)	좌찬(佐贊)
박군이현(朴君伊峴)	직곡(直谷)	박군이현(朴君伊峴)	직곡(直谷)	진촌(陳村)	진촌(陳村)	진촌(陳村)
직곡점(直谷店)	김령장(金嶺場)	직곡점(直谷店)	김령점(金嶺驛)	광암(廣岩)	광암(廣岩)	광암(廣岩)
김령장(金嶺場)	양지(陽智)	김령장(金嶺場)	양지(陽智)	석원(石院)	무극역(無極驛)	석원(石院)
양지현(陽智縣)	좌찬역(佐贊驛)	양지(陽智)	좌찬역(佐贊驛)	숭선(崇善)	숭선(崇善)	숭선(崇善)
좌찬역(佐贊驛)	기안점(機鞍店)	좌찬역(佐贊驛)	백암리(白巖里)	달천(達川)	달천(達川)	달천(達川)
기안점(機安店)	진촌(陳村)	기안점(機鞍店)	진촌(陳村)	단월역(丹月驛)	단월역(丹月驛)	단월역(丹月驛)
진촌(陳村)	광암(廣巖)	진촌(陳村)	비입거리(碑立巨里)	안보역(安保驛)	안보역(安保驛)	안보역(安保驛)
광암(廣巖)	석원(石院)	광암(廣巖)	광암(廣巖)	조령동화원(鳥嶺東華院)	조령(鳥嶺)	조령(鳥嶺)
석원(石院)	모도원(慕道院)	석원(石院)	용산동(龍山碕)	문경(聞慶)	문경(聞慶)	문경(聞慶)
모도원(慕道院)	숭선(崇善)	모도원(慕道院)	석원(石院)	신원(新院)	신원(新院)	신원(新院)
숭선점(崇善店)	검단(檢丹)	숭선점(崇善店)	곤지애(昆池厓)	유곡역(幽谷驛)	유곡(幽谷)	유곡역(幽谷驛)
용안점(用安店)	달천(達川)	용안점(用安店)	천곡(泉谷)	덕통참(德通站)	딕통참(德通站)	덕통참(德通站)
검단점(檢丹店)	충주(忠州)	검단점(檢丹店)	모로원(毛老院)	낙원역(洛原驛)	낙원(洛原)	낙원역(洛原驛)
달천진(達川津)	단월역(丹月驛)	달천(達川)	숭선참(崇善站)	불현(佛現)	불현(佛現)	불현(佛現)
충주(忠州)	충주(忠州)	충주(忠州)	용안역(用安驛)	낙동진(洛東津)	낙동진(洛東津)	낙동진(洛東津)
단월역(丹月驛)	단월(丹月)	단월역(丹月驛)	검단점(黔丹店)	여차리참(餘次里站)	여진참(餘津站)	여차리(餘次里)
수교(水橋)	수회(水回)	수교(水橋)	달천진(達川津)	고리곡(古里谷)	고리곡(古里谷)	고리곡(古里谷)
안부역(安富驛)	안부(安富)	안부역(安富驛)	단월역(丹月驛)	장천(丈川)	장천(丈川)	장천(丈川)
조령동화원(鳥嶺桐華院)	조령동화원(鳥嶺桐華院)	조령동화원(鳥嶺桐華院)	수회리(水回里)	동명원현(東明院峴)	동명원(東明院)	동명원현(東明院峴)
초곡(草谷)	초곡(草谷)	초곡(草谷)	안부역(安富驛)	우암창(牛岩倉)	우암창(牛巖倉)	우암창(牛岩倉)
문경현(聞慶縣)	문경(聞慶)	문경(聞慶)	고사리(古沙里)	금호강(琴湖江)	금호강(琴湖江)	금호강(琴湖江)
신원(新院)	신원(新院)	신원(新院)	조령산성동화원(鳥嶺山城桐華院)	대구(大丘)	대구(大邱)	대구(大邱)
유곡역(幽谷驛)	유곡(幽谷)	유곡역(幽谷驛)	초곡(草谷)	오동원(梧桐院)	오동원(梧桐院)	오동원(梧桐院)
덕통역(德通驛)	덕통(德通)	덕통역(德通驛)	문경(聞慶)	팔조령(八鳥嶺)	팔조령(八助嶺)	팔조령(八鳥嶺)
낙원역(洛原驛)	낙원(洛原)	낙원역(洛原驛)	마포원(馬浦院)	청도(淸道)	청도(淸道)	청도(淸道)
불현(佛峴)	불현(佛峴)	불현(佛峴)	신원(新院)	유천(楡川)	유천(楡川)	유천(楡川)
낙동진(洛東津)	낙동진(洛東津)	낙동진(洛東津)	굴우(窟隅)	밀양(密陽)	밀양(密陽)	밀양(密陽)
여차리점(餘次里店)	여차리(餘次里)	여차리점(餘次里店)	유곡역(幽谷驛)	이창(耳倉)	남창(南倉)	이창(耳倉)
영향역(迎香驛)	영향역(迎香驛)	영향역(迎香驛)	덕통역(德通驛)	내포진(內浦津)	내포진(內浦津)	내포진(內浦津)
고리곡(古里谷)	고리곡(古里谷)	고리곡(古里谷)	낙원역(洛原驛)	황산역(黃山驛)	황산(黃山)	황산역(黃山驛)
장천(丈川)	장천(丈川)	장천(丈川)	성곡(成谷)	양산(梁山)	양산(梁山)	양산(梁山)
동명원현(東明院峴)	동명원현(東明院峴)	동명원현(東明院峴)	불현(佛峴)	동래(東萊)	동래(東萊)	동래(東萊)
우암창(牛岩倉)	우암(牛巖)	우암창(牛岩倉)	낙동역(洛東驛)	부산(釜山)	부산(釜山)	부산(釜山)
금호강(琴湖江)	금호강(琴湖江)	금호강(琴湖江)	홍덕(紅德)			
대구부(大丘府)	대구(大邱)	대구(大邱)	석현(石峴)			
오동원(梧桐院)	오동원(梧桐院)	오동원(梧桐院)	여차리(餘次里)			
팔조령(八鳥嶺)	팔조령(八鳥嶺)	팔조령(八鳥嶺)	영향역(迎香驛)			
청도군(淸道郡)	청도(淸道)	청도(淸道)	해평(海平)			
유천(楡川)	유천(楡川)	유천(楡川)	괴곡(槐谷)			
밀양부(密陽府)	밀양(密陽)	밀양(密陽)	장천(丈川)			
이창(耳倉)	이창(耳倉)	이창(耳倉)	동명원현(東明院峴)			
무흘현(無屹峴)	무흘현(無屹峴)	무흘현(無屹峴)	우암창(牛巖倉)			
내포진(內浦津)	내포진(內浦津)	내포진(內浦津)	칠곡(漆谷)			
황산역(黃山驛)	황산역(黃山驛)	황산역(黃山驛)	금호강(琴湖江)			
양산군(梁山郡)	양산(梁山)	양산(梁山)	대구(大邱)			
동래부(東萊府)	동래(東萊)	동래(東萊)	오동원(梧桐院)			
좌수영(左水營)	좌수영(左水營)	좌수영(左水營)	팔조령(八助嶺)			
부산진(釜山鎭)	부산진(釜山鎭)	부산진(釜山鎭)	청도(淸道)			
			유천역(楡川驛)			
			밀양(密陽)			
			이창(耳倉)			
			무흘역(無訖驛)			
			작천(鵲遷)			
			내포진(內浦津)			
			황산역(黃山驛)			
			양산(梁山)			
			사배야현(沙背也峴)			
			소산역(蘇山驛)			
			동래(東萊)			

나머지 두 유형은 예외적인 것들이라고 밝힌 바 있다. 지난 논문에서는 주로 국토 전체 규모의 대로 노선체계를 보면서 유형을 알아봤는데, 여기서는 동래로의 복원을 위해 동래로 위주로 다시 상세하게 알아보겠다. 대상 서지는 필자가 수집한 거경정리표류 중 서지명이 분명한 5종류와 『도로고』 · 『동국문헌비고』 · 『대동지지』이다.

『동여기략』과 『여재촬요』는 경유지명수나 그 내용이 『도로고』와 거의 같아서, 『도로고』를 직접적인 조상으로 여기고 있음을 알 수 있다. 단 대로 체계는 『동여기략』은 5개대로로, 『도로고』의 6대로에서 강화로만 빠진 상태이다. 따라서 사실상 대로체계도 『도로고』를 따르고 있는 것이다. 한편 『여재촬요』는 대로체계는 『동국문헌비고』의 영향을 간접적으로 받은 '여지고 변형형'과 같아서, 『도로고』계와 『동국문헌비고』계의 혼합형이라고 할 수 있다.

어느 유형이더라도 '동래로'는 '제4로'로 변함이 없어서, 직접적인 영향은 적지만, 경유지명이나 종점 선택의 면과 상기 유형이 연계되고 있을 수 있다. 다음에 이 부분을 짚어 보자.

동래로 종점은 『도로고』에서는 부산진이다. 『동국문헌비고』는 부산으로 되어 있는데, 조선시대 당시 부산시는 없으므로 이 역시 부산진의 준말로 보아야 한다. 부산과 부산진이 종점지의 대부분을 차지하며, 예외는 『동여기략』 · 『노표』의 좌수영과, 『대동지지』의 동래뿐이다. 종점의 차이는 동래로의 경우 크게 실마리가 되지 않는다.

문경 새재에 관한 표기는 『도로고』에서는 '조령 동화원'으로 되어 있다. 마치 조령 고갯마루에 있는 원 같지만, 현재 확인된 동화원 터는 정확히 조령에 있는 것이 아니라 조령에서 문경읍 방향으로 약간 내려온 곳에 있다. 그러니까 여기서 말하는 '조령'이란 고갯마루라는 지점을 이야기하는 게 아니라 전후의 경사로를 포함한 개념이다. 당연히 반대 연풍측의 고사리원 일대도 조령 개념에 포함되었다. 즉 이 경유지명의 핵심은 '동화원'에 있고, '조령'은 원이 입지하는 영역이라는 뜻의 수식어인 것이다. 적어도 '조령'에 초점이 맞추어진 것은 아니다.

적어도 신경준은 그런 뜻으로 썼다. 『동국문헌비고』 역시 '조령 동화원'을 쓰고 있다. 다만 '동'자가 『도로고』의 '桐'이 아닌 '東'이다. 이후 주로 『동국문헌비고』를 저본으로 한 '거경정리표'류가 여러 종류 발행되는데, 이들 중에는 '동화원'을 생략하고 '조령'으로만 표기한 경우가 있다. 그렇게 될 경우 '동화원'이라는 핵심 지명은 사라지고, '조령'이라는 수식어만 홀로서기하게 되면서, 독자들에게는 조령 고갯마루라는 지점을 가리키는 것이 된다.

이본에 따라 가리키는 장소가 3리쯤 이동해 버리는 것이다. 앞(안부역)과 뒤(문경) 사이의 거리는 각각 변함이 없기 때문에 거리 표시에 모순이 생기는 셈이다. 이러한 경위에서, '조령'으로만 표기한 책은 '조령동화원' 표기의 책보다 나중에 나온 것과 그 사본들인 것이다.

이전에 설명하던 문경 새재로 다시 돌아가자. 이쪽은 '조령 동화원'이 대부분이다. 『도로고』와 『동여기략』만이 '동'자가 '오동나무'의 '동'자가 되어 있다. 『대동지지』는 '조령산성 동화원'으로 약간 다른데, 역시 오동 '동'자로서 『도로고』의 계열일 것이다. 『노표』·『산해제국』·『기봉방역고』·『대한신지지』·『광문회본 도리표』 등에는 '조령'으로, 나머지는 다 동쪽 '동' 자를 쓴 '조령 동화원'이다. 『여재촬요』도 '조령 東화원'이어서, 이 책이 『도로고』의 내용과 '정리고 변형형'의 체계를 같이 참조한 책임을 확실히 알 수 있다. 그리고 '정리고 변형형' 중에도 '조령 동화원'이냐 '조령'이냐 하는 차이로 두 가지 유형이 존재함이 밝혀졌다. 후자가 광문회본까지 이어지고 있는 점으로 미루어, 조선말기 쪽의 사본들일 가능성이 제기된다. 이 부분은 후속 연구과제로 남겨두겠다.

제3절 지도를 활용한 선적 복원

1)지형도를 이용한 거시적 복원

지금까지의 결과를 19세기말에 일본 육군 육지측량부가 작성한 5만분의 1 지형도와 비교해 보고자 한다. 이 지도는 러일전쟁 수행을 위해 육지측량부가 급히 측량한 군사목적 지도인데, 한반도 전체를 망라한 것은 아니며, 목측目測한 부분이 많아서 지형이나 방위가 정확하지는 않다. 그러나 신작로 등장 이전의 간선도로와 취락 위치기 거의 모두 표시되어 있어서, 옛길 복원에는 꼭 참조해야 할 자료이다. 동래로와 같은 간선도로는 가장 굵은 표시가 되어 있어서 경로 특정이 용이하다. 고문헌에서 얻은 결과와 이 지도를 대조하면서 5만분의 1 지형도상에서 옛길 경로를 특정할 수 있다.

다음에 그 결과와 일제시대에 조선총독부가 발행한 5만분의 1 지형도를 대조해보자. 이 지도는 정확한 삼각측량에 의해 제작되었기에, 현재 지도와 정확히 비교할 수 있다. 또 신작로나 철도 등 현재도 남아 있는 교통로가 묘사되고 있기 때문에 비교가 용이하다. 여기서 최종적인 옛길 경로를 확정할 수 있다.

이상에서 얻어진 정보를 현재 국립지리원에서 발행되고 있는 1만 5천분의 1 내지 5만분의 1 지형도에 전사시킨다. 이로써 지형도 차원에서 옛길 복원이 완료된다. 여기까지는 필자가 남한의 모든 옛길에서 여러 차례 시도해 온 옛길 복원법이다. 거시적인 차원에서는 거의 정확한 경로를 복원할 수 있으며, 특히 현재도 옛길이 남아 있는 구간이나 그대로 신작로 등으로 확장 전용된 구간에서는 정확하다. 그러나 경지정리가 된 전원지대나 도시 구획 정리가 진행된 구간 등 옛길의 경로가 현존하지 않는 구간에서는 대략의 경로를 표시할 수 있을 뿐 정확한 경로를 복원할 수는 없었다. 이러한 애로를 극복하여, 미시적 차원의 복원을 시도한 것이 이번 연구의 특징이며, 그 방법이 지적원도의 사용인 것이다.

2) 지적원도를 이용한 미시적 복원

본 연구에서 사용하는 지적원도란 현재 관공서나 민간에서 널리 사용되고 있는 지적도의 원형이 된 지적 측량 당시의 도엽을 말한다. 양식이나 축척, 범례 등 기본사양은 현행의 지적도와 별로 차이가 나지 않는다. 1911년부터 1917년까지 조선총독부 소속 임시토지조사국에서 전국적으로 토지조사사업을 벌였을 때, 토지조사부와 토지대장을 함께 제작된 것이다. 토지의 이용용도(지목)와 소유자, 그리고 물리적인 분계선을 따라 필지가 나누어졌으며, 각 필지마다 지번이 부여되었다.

이것이 현재 토지 등기상 지번의 기초가 된 것이다. 토지소유가 분할되거나, 부분적으로 토지 용도를 변경 혹은 소유자가 이전될 때마다 지적도상의 필지가 분할되었으며, 분할된 필지에는 −1, −2 등 식별번호가 부여되었다. 지적원도는 토지등기 확정과 거의 동시에 그려진 것이므로 하이픈 표기는 거의 없다 .

이 지적원도를 조선시대의 옛길 복원에 사용하는 데 있어서는 몇 가지 이점이 존재한다.

첫째, 작은 소로라도 지도상에 명시되어 있다는 점이다. 지적원도에는 토지의 용도마다 지목이 표시되어 있다. 택지라면 '垈', 논이라면 '畓', 밭이라면 '田', 임야라면 '林', 등 자세히 필지마다의 용도가 표시되어 있다. 도로의 경우는 '道'표시가 있으니, 길이 어떻게 나 있었는지를 쉽게 알 수 있다. 그리고 1,200분의 1 이라는 정밀한 축척으로 정확한 측량을 기초로 작도했기 때문에, 길의 폭과 선형·굴곡도 등을 정확히 알 수 있다. 대로와 소로가 실제로 얼마나 너비 차이가 났는지, 신작로와 옛길의 선형은 어떻게 다른 지 등을 쉽게 알 수 있다.

둘째, 조선시대의 옛길 노선을 거의 그대로 재현하고 있다는 점이다. 옛길 복원의 기초 사료가 될 김정호의 『대동여지도』와 『대동지지』는 1860년 경의 제작이니 거의 조선시대 말기의 상황을 반영하고 있다고 할 수 있다. 지적원도의 제작이 그로부터 약 50년 뒤여서 그 사이 옛길 선형의 큰 변화가 있다고 보기에는 힘들 것이며, 만일 변화가 일어났다면 지적원도상이나 러일전쟁 당시의 지형도 등에 그 흔적이 잡힐 것이다. 특히 그 사이에 도로 교통로에 큰 변화가 일어났다면 신작로의 건설이 가장 큰 변수일 것이지만, 지적원도에는 문경시의 경우가 그렇듯 신작로와 옛길은 별도로 묘사되기 때문에 옛길을 찾는 데에는 거의 문제되지 않는다. 그러므로 지적원도에는 대략 옛길의 코스가 그대로 그려지고 있다고 봐도 무방하다고 필자는 생각한다.

셋째, 현재 지도상에 옛길 표시를 하기 쉽다는 점이다. 앞서 지적하였듯이 현재의 지적도 심지어 수치지도도 지적원도의 측량을 기준으로 하고 있다. 따라서 옛길을 복원한 지적원도와 현행 지적도를 중첩시키면 쉽게 옛길 경로를 현행 지적도에 전기할 수 있으며, 나아가 다른 지형도나 주제도에도 정확한 옛길을 전기시킬 수 있다. 이는 특히 경지정리나 도시계획으로 인하여 옛길이 소멸된 구간에서 즉 문경의 경우는 문경온천 주변이나 마원리-신현리 간과 같은 구간에서 가장 효과를 발휘한다.

넷째, 주변 취락이나 문화유적과의 위치적 관계를 명확히 할 수 있다는 점이다. 옛길과 입지상 및 기능상 밀접한 관계를 가진 주막촌·원촌·진영·역촌·읍치와 같은 여타 기능을 가진 취락의 입지 및 영역 범위는 역시 지적도상의 지목 표시를 확인함으로써 쉽게 알 수 있다. 또한 정자·성곽·교량·진도(나루)·관문·관아와 같은 옛길과 관련된 문화유적 등에 대해서도 당시의 정확한 위치를 알 수 있으며, 이를 통해 보다 정확한 역사성 고증을 가능케 한다. 특히 이들을 복원할 때, 잘못된 위치정보로 인하여 문화유적 복원작업 자체가 잘못된 장소에서 이루어지는 경우가 종종 있는데 이를 가급적 막을 수 있다.

다섯째, 성과를 전자지도화하여 유연한 활용이 가능하다는 점이다. 지적도가 전자지도인 수치지도에 이행하면서 위치정보의 보정이 수행되었지만, 지번부여 방식 등 큰 틀은 그대로 유지되고 있다. 따라서, 이번의 복원내용을 근거로 각 사지단체가 보유하고 있는 수치지도에 그 내용을 옮기고, 역사고증자료, 교육자료, 복원계획 수립자료, 박물관 전시자료 등으로 다양하게 확장해서 활용할 수 있게 된다.

한편 지적원도가 가지고 있는 한계점도 몇 가지 지적하지 않을 수 없다. 우선 지적도는 기본적으로 분쟁의 소지가 있는 부분의 토지 소유관계를 공간적으로 확정 짓기 위해 작성된 것이다. 따라서 도시부나 개간이 진행된 농촌지역에서 주로 작성되었고, 토지 소유관계가 덜 복잡하고 미개간지가 많은 산악지역에서는 제작되지 않았다. 이들 지역에서는 대신 광범위한 축척으로 임야도가 제작되었는데, 안타깝게도 임야도에는 제대로 도로 표시가 되어 있지 않다. 그래서 지적도 차원의 정밀 복원은 지적원도가 제작된 구간에 한정되어 버린다는 한계점이 있다.

문경의 경우 문경새재 내 일부 구간, 잣밭산 기슭의 일부 구간, 관갑천잔도에서 건탄리까지, 유곡고개 부근, 호계면과 산양면의 경계구간 등 5개소에서 지적도가 없는 구간이 존재한다. 다행히 이들 구간은 현재도 큰 지형 변화가 없으며, 또 러일전쟁 당시의 5만분의 1 지형도에 옛길이 정확히 표시되어 있기에 충분히 보완이 가능한 구간이다. 다시 말해서 지적도를 사용한 옛길 복원은 지표면 변화가 빈번한 평지지역에서 그 효과를 발휘하는 것이다.

또 하나의 문제점은 지적도에는 지형정보가 거의 들어가지 않는다는 점이다. 다행히 알 수 있는 것은 육지인가, 강인가, 바다인가 정도이며, 임야 부분에는 등고선 표시가 있을 경우도 있다. 그 외에도 벼랑 표시가 있을 수도 있지만 의무사항은 아니기 때문에 도면 제작자에 따라서 제각각이다. 도로의 높낮이나 지형성 특성을 알기 위해서는 지형도의 병용이 불가결하다.

이상과 같은 미흡한 점을 보완하기 위해서 본 연구에서는 2만 5천분의 1 지형도상의 복원도 동시에 시도하고 있는 것이다.

3) 복원도의 완성

지형도 차원으로 복원한 시점에서 옛길 경로가 현존된 구간은 거의 정확한 복원이 이미 이루어지고 있으므로 우선 해당 구간의 경로를 그대로 지적원도에 전사한다. 당연히 지적원도에도 이에 상응하는 도로 지목이 있으니 특정은 용이하다. 문제는 토지 구획정리가 시행된 구간이다. 먼저 지형도상에서 특정이 가능한 통과지점, 예컨대 취락·교량·고개 등을 특정한 뒤, 그 사이의 도로표시를 검토한다. 문경의 경우 대부분 외길이며, 오천리의 일부구간과 공평리의 일부 구간을 제외하면 옛길 경로로서 복수의 후보가 나올 일은 없었다. 상기 두 구간에 대해서는 현지지형조사와 '과거길'에 대한 인터뷰 조사를 벌인 뒤 경로를 특정하였다.

이러한 경우 외에도 현지답사는 필수이며, 이번 연구에서도 전구간 현지답사를 시행하고 있고, 옛길 경로를 정확히 확정하였다.

지적원도상에서 옛길 경로가 확정되면, 다음에 이를 그대로 현재의 지적도로 전사한다. 이것은 이번 연구보고서의 범위는 아니며, 이것이 종료되면 현재 지표면에서 옛길 경로를 완전히 복원할 수 있을 것이다.

제4절 문경시내 옛길의 도상 복원과 지리학적 특성

1) 옛길의 일반적 특성

지적원도에는 당시 건설이 진행된 신작로도 기재되어 있어서 비교가 용이한데, 옛길과 신작로를 비교해 보면 옛길의 특성이 잘 나타나 있다. 그 특성을 요약하면 다음과 같다.

첫째, 신작로보다 경사가 가파른 길을 마다하지 않고 선택할 수 있다. 문경의 경우 유곡 고개에 잘 나타나지만, 등고선을 따라 고도를 서서히 높여 가면서 고개를 넘는 신작로와 달리, 자연 그대로 골짜기를 따라서 급한 경사를 올라가는 것이 옛길의 특성이다. 지적원 도에서도 그것이 증명되고 있다.

둘째, 미시적으로 볼 때 굴곡이 신작로보다 훨씬 많다. 특히 평지에서 강한 경향인데, 신작로보다 굴곡이 많고, 참된 직선길은 별로 없다. 도랑이나 하천을 따라 가거나, 평지 와 경사지의 경계 부분을 따라 가는 경우도 있다. 장거리를 비교해 볼 때 신작로나 철도 보다 옛길은 거리가 짧고 직선 길이 되는데 미시적으로 보면 판이한 경향을 보이고 있는 것이다.

셋째, 교통취락 외에는 길가에 입지하는 취락이 없다는 점이다. 길가에 입지한 취락들은 주막촌·원촌·역촌·도진渡津촌·시장市場촌 등 교통로와 관련된 특수 기능을 수행하는 취락들이며, 일반 농촌마을은 대로변에 입지하지 않는다. 문경의 경우 하초리를 비롯하여 일반적인 농촌마을은 도로변에 입지하지 않는다. 이는 민폐 회피 또는 풍수와의 관계 등의 이유가 있을 것으로 보이는데, 전국적으로 보이는 현상이며 일반 농촌취락 속을 옛길이 관통하는 경우가 많은 일본과 대비된다.

넷째, 노폭이 다른 길보다 비교적 넓다는 점이다. 단 이는 동래로 구간과 영해로의 반곡리—불암리에만 해당되어, 영해로의 건탄리—반곡리간에는 해당되지 않는다. 앞서 언급한 것처럼 문경시 관내의 옛길은 모두 '중로'에 해당되는데, 그와 관계 없이 실제 길의 이용빈도에 따라 도로 폭이 책정되어 있는 것으로 생각된다. 이는 대로—중로—소로의 구별과 토목적인 도로의 규격과는 상관관계가 없다는 기존의 주장을 뒷받침하는 것이다.

2) 교통취락의 분포

현 문경 관내에는 두 개의 역이 존재하였다. 요성역은 문경읍의 동쪽 2리에 있었는데, 사실상 읍에 부속된 역으로 볼 수 있다. 유곡 찰방역의 소속이고, 현재도 요성이라는 독립된 취락을 형성하고 있다.

유곡은 18개 역을 거느리는 유곡 역도驛道의 중심이 되는 찰방역이 입지하는 역이었다. 문경읍과 버금가는 관아 및 취락 규모를 가지고, 일제시대에 들어서는 면사무소 소재지가 되었다. 지적원도상에는 기능별로 5개에 이르는 마을이 있는 것이 확인된다.

또 역제를 보완하는 시스템으로서 급한 문서 연락을 위해 설치된 보참步站은 요성과 건탄에 설치되어 있었다.

준공영의 숙소였던 원院은 조선시대에 들어서는 거의 쇠퇴하고, 민영 숙소인 주막이 그 뒤를 이었다. 예전에 원촌이었던 교통취락은 대부분 그대로 주막촌이 되었다. 문경새재에는 드물게 원터(조령원)를 확인할 수 있을 정도로 제대로 남아 있는 것으로 유명하지만, 지금은 형태를 찾을 수 없는 수많은 원과 원취락이 있었다. 조선 전기에 발행된 『신증동국여지승람』을 참조하면 원에 대한 설명이 자세히 나와 있다. 동래로에 관련된 것을 열거하면 동화원桐華院(제3관문 부근), 조령원(현 조령원터 위치), 화봉원華封院(속칭 草谷院, 현에서 남쪽에 3리, 화번마을 혹은 마원리로 추정됨), 곶갑원串岬院(관갑천잔도 북쪽, 진남 관 옆에 복원된 주막 주변으로 추정됨), 회연원回淵院(龍淵 위에 있음, 현 원성마을로 추정됨), 불정원佛井院(현 불정리 원골로 추정됨), 견탄원犬灘院(견탄 북안) 등이 존재하였다. 대 부분 후에 주막촌이 되었으며, 일부는 20세기 후반까지도 교통취락으로서의 기능을 수행 하였던 것으로 여겨진다. 동화원 마을 터에 현재 입지한 휴게소는 숙박 기능 주막 역할을 하고 있다.

영해로에서는 개경원開慶院이 호계리에 있었다. 주막촌은 구 원촌 외에도 제1관문 바로 안쪽에 초곡점草谷店이 있었으며, 용추 근방이나 유곡역 근방에도 주막이라는 취락명이 지 금도 있는 것으로 보아 주막촌이었던 것으로 짐작된다. 기타 호계면 막곡리 등 여러 군데 에 있었다.

3) 잔도와 나루

현재 옛길 관광지로서 정착된 토끼비리는 『대동지지』에서는 '兎遷', 『신증 동국여지승 람』에서는 '串岬遷'으로 표시된다. 『신증 동국여지승람』에 의하면 용연의 동쪽 벼랑을 말 한다. 일명 토천이라고도 한다. 바위를 쪼개서 잔도를 만들었는데, 좁고 굴곡된 길이 6, 7 리 이어진다. 전설에 의하면 '고려의 태조가 남벌에 나섰을 때 이곳에서 길을 잃었는데, 어느 토끼가 선도해서 길을 알려주었기 때문에 토천이라고 한다'고 써 있다. 길과 전설이 결합된 전형적인 사례이다.

낙동강(영강)을 건너는 견탄진은 교통상 중요한 나루터였다. 그래서 원촌과 보참이 설 치되었으며 취락 규모도 비교적 컸다. 견탄진은 중수기에는 배로, 갈수기에는 다리로 건 넌다고 『대동지지』에 기록되어 있다. 중수기에는 건너는 일 자체가 힘들었다고 하는데, 통신사였던 조엄은 다음과 같이 기록하고 있다.

신원참에 들어가 말에게 죽을 먹이고, 수탄(견탄)에 이르니, 물살이 거센데다가 길도 넓었다. 그런데, 본 고을 원(문경현감)이 월천하는 역군을 많이 준비해 놓지 못하여 간신히 건넜는데, 일행 중의 인마가 더러 넘어지는 자도 있고, 더러는 떠내려가는 자도 있었다.

나는 먼저 건너가 언덕 위에 쉬면서 다 선너기를 기다리고 있었으나, 해가 이미 어두워져서, 건너지 못한 사람은 신원참으로 되돌아가 묵게 하고, 이미 건넌 사람만 거느리고 유곡역에 당도하니, 밤이 3경이었다.

수탄을 건널 때에 있어서는 인마가 거의 상해될 뻔했으며, 그 기강에 있어서 너무도 해괴한 일이기에, 마지 못해 그 고을 좌수 및 색리를 잡아다가 엄하게 형벌하고, 그 수령에 대한 논죄는 일단 보류해 두었다.

나루터는 남호리와 오천리 사이(현 봉명교 부근)에도 있었으며, 그 외에 징검다리나 걸어서 건너가는 하천은 무수히 있었다.

4) 관방시설

문경이 서울을 방위하는 천연의 요새인 만큼, 관방시설은 상당히 발달되어 있었다. 지금 문경새재 도립공원 일대는 대부분이 조령산성이라는 군사시설에 포함되어 있었다. 남한산성이나 가산산성과 같은 다른 유명한 산성과 비교하면 규모가 크고, 성곽도 연속되지 않아 자연의 능선을 최대한 활용하었기에 산성이라는 인식이 별로 들지 않는다. 오히려 산성을 상징하는 3개의 관문이 더 유명하다.

『대동지지』에는 아예 조령산성에 '성이 3개가 있다'고 써 있다. 그것이 제3관문(조령관), 제2관문(조동문), 제1관문(주흘관) 등과 그들과 연속된 성곽을 가리킨다. 산성 안에는 진이 있었는데, 문경·함창·예천·용궁·상주 등 5개 읍의 군세가 농성할 수 있도록 군량軍糧을 비축하는 창고가 있었다. 넓은 산성 안에서 진영이 있었던 장소는 확실하지 않지만, 고지도 및 지적원도를 대조하면 현재 문경새재 오픈 세트장 터가 유력하다.

그 외에 옛길과 깊은 관계가 있는 관방시설로서는 고모산성이 있다. 『대동지지』에 의하면 신라시대에 관방시설로 건설된 것이라고 되어 있는데, 관갑천잔도와 함께 동래로 상의 요해要害가 되어 있다. 잔도와 산성 사이에는 최근 복원된 진남관이 있었으며, 조령산성의 3개 관문의 전초기지 역할을 하였다.

5) 누정樓亭

길과 관련된 누정으로서는 우선 교귀정交龜亭이 있다. 용추龍湫 바로 옆에 있었다는데, 현재는 약간 장소를 이동해서 남아 있다. 『대동지지』에 '新舊監史交印處'라고 기록되어 있듯이, 경상도 감사가 교체될 때 경상도의 초입인 이곳에서 교대의식을 올린 곳이다. 전라도 초입에 있던 황화정皇華亭과 같은 역할을 하였다.

경운루慶雲樓는 객사의 동남에 인접하고 있어 아마도 객사의 누문 역할을 하였을 것이다. 객사는 관아시설인 동시에 공무여행자의 숙박장소 역할을 하였으므로 역시 길과 밀접한 관계가 있다. 객사는 중학교 부지에 부분적으로 남아 있지만 경운루는 복원되지 않았다. 기타 유곡에 천교정遷喬亭이 있었다.

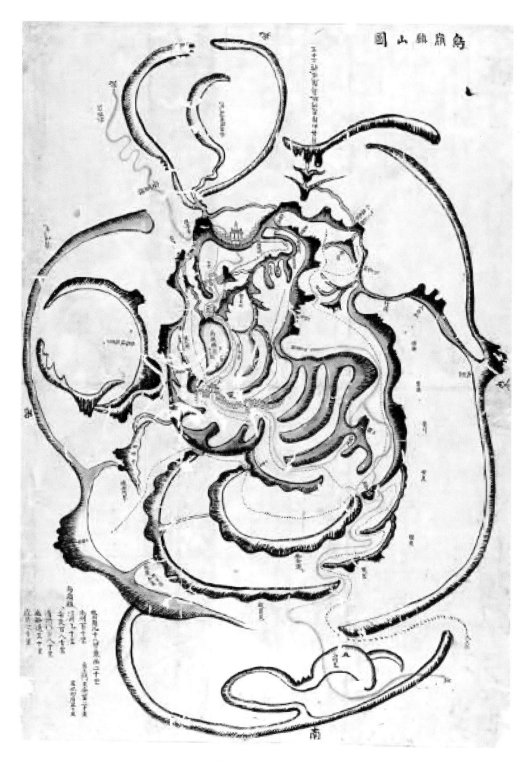

■ 조령진산도(1872)

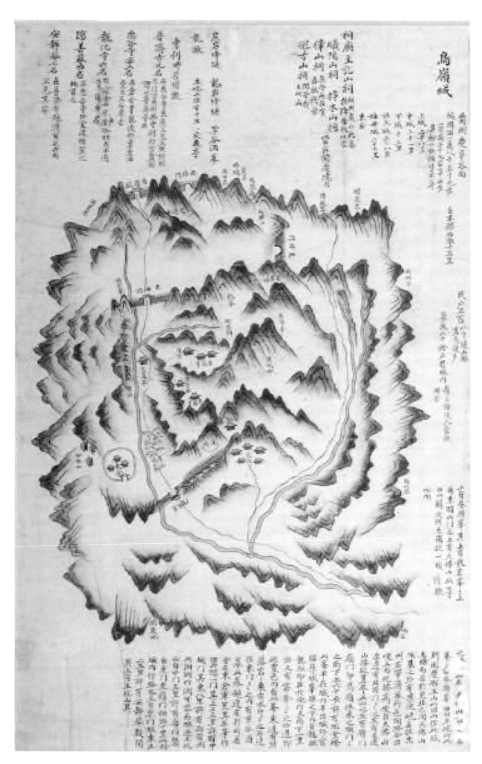

■ 해동지도(18세기 중반) 중 조령성도. 동암문, 북암문 등의 존재도 알 수 있다.

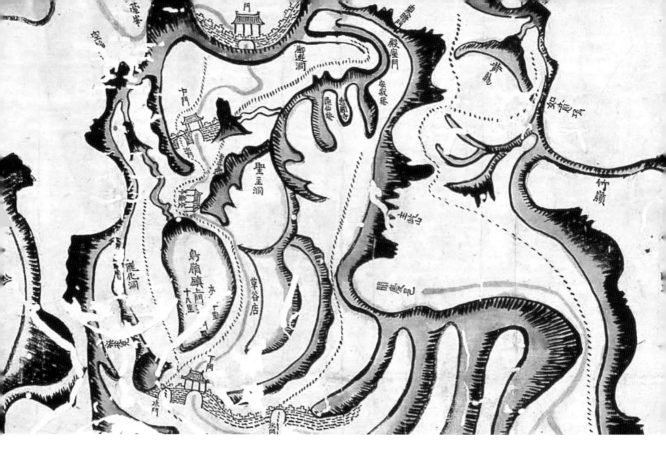

▲ 조령진산도(1872) 부분확대. 동래로는 계속 강 좌안만 가게 되어 있으며, 조령진과는 격리되어 있다. 조령진이 산속에 둘러쌓인 것처럼 묘사되어 있다.

▼ 조령성도 부분확대. 역시 강 좌안만 동래로가 간다. 조령진 위치(현 문경새재 오픈 세트장)에 성곽이 보이며, 초곡(상초) 주막촌은 좌안에 가촌 형태로 그려져 있다. 주흘관 동쪽 뒷편에는 와소(기와공장)이 보인다. 옛길은 교귀정 뒷편을 지나가고 있다.

▲ 비변사인방안지도(18세기 중엽) 문경 부분확대. 조령진 위치에 '산성창'과 '별장소(관아)'가 그려져 있다. 동화원은 '오동원'으로 표시되었다. 어류전(홍건적 사건 때 공민왕이 피신한 장소)가 계립령로에 붙어서 그려져 있다. 역시 동래로는 교귀정 동쪽을 통과한다. 주흘관을 '하성' 조곡관을 '중성'으로 부르면서, 하성에서 조령관까지의 영역 전체를 '조령산성'으로 인식하고 있었음을 알 수 있다.

▼ 광여도(19세기 중엽) 문경 부분확대. 묘사 내용과 공간배치로 보아 상기 비변사인방안지도와 같은 계열에 속한 것으로 보이지만, 길이 표시되어 있지 않은 것이 차이점이다.

제5절 지적원도를 통한 동래로(영남대로)의 경관복원

동래로는 영남대로라고도 불리며, 서울에서 동래 경상좌수영까지 950리 길을 가리킨다. 명실공히 경상도 방면의 간선도로였으며, 수많은 분기선으로 각 고을과 군사거점을 직선으로 연결하고 있다.

이 중 현 문경시 관내에 해당되는 것은 문경새재로부터 당교(떼따리)까지의 구간이다. 지형을 살펴보면 새재부터 문경읍까지는 산간오지, 문경읍에서 고모산성까지는 분지, 고모산성에서 견탄까지는 벼랑, 견탄에서 유곡역까지는 구릉지대, 유곡역에서 당교까지는 평야지대로서 상당히 변화가 있었다. 이는 곧 문경의 지형적 다양성을 단적으로 보여주고 있다.

1) 상초리 上草里

조령산성이 있었던 구간의 대부분은 상초리에 포함된다. 안타깝게도 임야지역에 들어가기 때문에, 지적도에 표시되어 있는 부분은 전체의 절반 이하에 그친다. 지적원도가 없는 구간은 구 지형도를 이용하여 복원할 수 있다.

조령관 즉 제3관문은 지적원도에 포함되지 않았다. 대지나 경작지가 부근에 존재하지 않았기 때문으로 보인다. 차량통행이 가능한 신작로보다 골짜기 안쪽에 옛길이 있으며, '장원급제길/금의환향길'로 정비되어 있다. 신작로와 옛길의 분기점은 최근 와서 보다 하류쪽에 옮겨졌는데, 원래 있던 옛길 흔적은 아직도 남아 있다. 옛길 중간에는 책바위 미륵, 낙동강(영강) 발원지 등을 볼 수 있다. 신작로와 옛길은 십자로를 교차한 뒤, 동화원 마을로 들어간다.

동화원은 경상도에 들어서는 동래로의 첫 취락이자 구 원촌, 주막촌이다. 휴게소 주인 얘기로는 해방 후만 해도 농촌마을로 남아 있었으며, 학교(조령초교 동화원 분교장)와 교회까지 있었지만 1990년대 도립공원사업 때문에 마을 주민들이 집단이주했다고 한다. 주춧돌까지 흔적이 뚜렷한 조령원과 달리, 동화원은 본격적인 시굴 및 발굴조사가 이루어지지 않아 원터 위치를 알 수 없다. 향후 과제일 것이다. 동화원에서 골짜기는 세 갈래가 되는데, 한 갈래는 동쪽으로 가서 동암문으로 연결되며, 하나는 북으로 향하여 북암문으로 이어진다.

동화원에서 조곡관까지 신작로는 거의 강 오른쪽으로 가는데, 옛길은 모두 네 번 왼쪽으로 건넌다. 그 중 조곡관쪽의 두 번만 갈 수 있게 복원해 놓았다. 징검다리가 복원된 곳도 있다. 동화원 다음에 나오는 도엽(상초18호 도엽, 이하 번호만 기재)은 조령 2관문(조곡관, 조동문)이다. 강가에서 옛길과 직각으로 교차하는 방향으로 성벽이 이어지고 있는 것을 확인할 수 있다. 조곡관에서 신작로는 강 따라 서쪽으로 크게 휘어지는데, 옛길은 화장실 옆을 지나 거의 직선으로 '산불됴심' 표석 쪽으로 향한다. 다음 19호에서는 옛길 가에 대지(택지)가 한 필지만 보인다. 입지 특성에서 보니 독립된 주막집이었을 것이다.

20호는 용추의 위치를 가리킨다. 『대동지지』에 의하면 용추에는 '(팔왕)폭포와 하얀 암반들이 절경을 만들고 있다'고 써 있는데, 그 폭포는 팔왕폭포이다. 맞은편에는 교귀정이 있다. 옛길은 교귀정 뒤를 지나가게 되어 있다. 17호에도 작은 취락이 보이는데, 조령원이 있었던 일대로 보이며, 원이 없어진 후에도 주막촌으로서 마을이 존속한 것으로 생각된다.

교귀정과 조령원 사이는 동쪽 즉, 산쪽에 현재 복원된 '옛과거길'이 있는데, 지적원도상에서는 반대로 서쪽 즉, 강쪽에 옛길이 나 있었던 것으로 되어 있다. 이 부분은 발굴조사 및 경관조사를 다시 정밀하게 할 필요가 있다. 상초마을에 들어가기 직전, 옛길은 지금과 달리 오른쪽으로 일단 건널 수 있었다. 현재의 왕건교보다 더 산쪽이다.

12호에는 가장 규모가 큰 취락을 볼 수 있다. 바로 상초마을이다. 지적원도의 지목을 보면 취락의 조령천 오른쪽(현 문경새재 오픈 세트장)에는 국유지를 뜻하는 '국(國)'표시가 되어 있는 필지들이 많이 눈에 띈다. 개인이 운영하는 주막촌이 국유지에 많다고 보기에는 힘들기에, 이 일대가 군사시설인 조령진鳥嶺鎭 터였던 것으로 짐작된다. 앞으로 촬영장을 철거 혹은 이전할 일이 있으면 이곳에 진영을 복원하는 일도 추진해 볼 만하다.

옛길은 조령진 한복판을 통과하는 길과 조령진 동북쪽 변두리, 그러니까 초곡천 오른쪽을 따라 가는 길, 두 갈래가 있다. 옛 지형도(1918)에 바깥쪽 길만 그려져 있는 점, 조령진 안쪽 길이 굴곡이 심한 점, 군사시설 관아 안을 대로가 지나간다는 것은 불합리하다는 점 등으로 미루어 바깥쪽 길이 대로였을 것이다. 일부 옛지도에는 조령진을 둘러치듯 타원형의 성곽이 묘사되어 있는데, 바깥쪽 길은 성곽과 초곡천 사이를 가는 길이었을 가능성이 있다.

조령진 동남쪽 변두리 즉 현재 촬영장 입구 다리가 있는 곳쯤에서 옛길은 다시 초곡천을 건넜다. 왼쪽 현 매표소와 촬영장 관리사무소가 있는 일대는 몇 가지 옛지도에 묘사되어 있듯이 초곡(상초) 주막촌이었던 것으로 보인다.

초곡 주막촌이 끝기면 조령 1관문(주흘관)이 나온다. 관문 주변 성이 현재 복원된 형대치럼 의적의 침공에 대처하도록 역U자형이 되어 있음을 알 수 있다. 이 자리가 관문에 선택된 것은 골짜기가 갑자기 좁아지는 장소이기 때문일 것이다. 현행 지적도를 보면 양쪽 절벽상에도 성벽이 이어지게 되어 있다. 동쪽에는 현재도 당제를 올리는 성황당이 자리하고 있다.

관문을 나서면 현재 산책로는 일직선으로 내려가지만, 옛길은 동쪽으로 크게 휘어지고, 직각으로 수문에서 나온 도랑과 교차한다(이 지점에 교량 흔적이 남아 있는지도 조사해 볼 만하다). 그리고 산책로와 신작로가 합류하는 지점쯤에서 그들과 합류하여 옛길박물관에 다다른다. 이 구간은 얼마전까지 논과 상점이 있었지만, 지금은 잔디밭으로 되어있어 옛길 복원은 크게 어렵지 않을 것으로 보인다.

옛길박물관을 지나면 옛길은 다시 동쪽으로 휘어진다. 현재 선비상이 서 있는 뒤를 따라, 공원관리사무소 주차장을 비스듬히 가로질러서 다시 현재 길과 합류된다. 여기부터 구획정리된 시가지와 주차장이 중초마을이 끝날 때까지 계속되지만, 옛길은 현재 길과 거의 일치한다.

2) 하초리 下草里

윤씨 비각이 있는 부근에서 현재 도로보다 약간 동쪽에 있다. 이 길은 부분적으로 남아 있다. 그 외의 구간은 현행 도로 거의 그대로이다.

■ 새재관문에서 하초리 방향으로 분기하는 동래로. 구 진안교에서 다시 차도와 합류한다.

■ 진안리 마을 안에만 짧게 남아 있는 옛 동래로

3) 진안리陣安里

구 진안교 부근에서 마을 안 길로 들어갔다가 3번국도(구도로)와 합류한다. 그리고는 3번국도와 거의 같이 읍내 방향으로 간다. 틀목고개 부분은 임야에 해당되기 때문에 지적원도가 존재하지 않는다.

4) 상리上里

옛 문경 읍치에는 상리, 중상리, 중리, 하리 등 4개 리로 분할되어 있었다. 일제시기에는 대략 상리와 중상리가 상리로, 중리와 하리가 하리로 통폐합되었다. 상리에는 관아나 기타 공공기관들이 있었고, 하리에는 서민의 주거나 장터가 있었다. 관아는 현 문경서중학교 일대에 입지했던 것으로 보이며, 중학교 교정에는 객사(관산지관)가 일부 남아 있다. 옛길은 바로 상리와 하리의 경계선을 서쪽에서 동쪽으로 가는데, 현재 버스가 지나가는 큰길과 다르다. 다만 상리와 하리의 행정경계는 변함이 없기 때문에, 길이 끊긴 부분도 쉽게 비정된다. 대부분은 골목길로 남아 있다.

상리 449번지가 있는 사거리에서 남쪽으로 방향을 튼다. 즉 현재 신작로와 거의 비슷한 경로이다. 지적원도 시점에서는 아직 읍내에는 신작로가 없다.

▪ 하리의 동래로변에 있는 당산나무와 '비석거리'

5) 하리下里

    상기 사거리에서 지금 신작로는 바로 남쪽을 향하지만, 옛길은 여기서 동남쪽, 즉 문경 온천 쪽을 향하였다. 이 길은 지금도 시장통의 뒷골목으로서 남아 있는데, 차가 지나가기도 힘들 정도의 소로이다. 길가에 당산나무와 비각이 보이며, 여기가 영남대로였음을 짐작케 한다. 옛길은 그대로 직진해서 신북천에 부딪치자마자 방향을 서남쪽으로 바꾸고, 그대로 화번마을로 간다. 얼마 전까지만 해도 이 구간은 뚜렷이 옛길이 남아 있었지만, 문경온천 개발에 따른 구획정리로 인하여 사라졌다. 구획정리된 터는 온천 주위를 제외하고는 미개발로 존치되어 있기 때문에, 옛길 터와 겹치는 구획들만을 공원화하여 영남대로의 복원으로 도모하는 것도 좋을 듯하다.

■ 문경읍내 하리(구 중리)에서 골목길로서 남아 있는 동래로

■ 문경온천 주변의 토지구획정리로 인하여 동래로 옛길이 끊기는 지점

6) 마원리馬院里

대동지지에서 마포원이라 소개되어 있는 화번 마을을 지나면 초곡천을 건너는 다리가 지적원도에 보인다(15호). 이것은 신작로의 다리이며, 이 조선시대부터 있었는지, 일제시대에 생긴 다리인지는 확인해 보지 못하였다. 일제시기에 생긴 신작로 다리(지금의 구교)보다 신북천쪽으로 있으며, 곧 지금의 신교와 비슷한 위치일 것이다. 다리를 바로 건넌 자리에 마포원 마을이 있었는데, 지금은 거의 흔적이 없다. 마원리를 나가면 옛길은 신작로(3번국도)와 조령천 사이를 활 모양으로 나가는 것을 볼 수 있다. 지금 이 일대는 완전히 경지정리가 되어서 옛길은 소멸되었다. 그러나 당제堂祭 유적이나 전도석 불망비 등이 옛길가에 지금도 남아 있으니, 지적도 없이도 옛길 경로가 짐작 가능하다.

7) 남호리南湖里

남호리에 속하는 구간은 짧다. 마원리에서 남호리(봉명마을, 긴장터마을)로 넘어갈 때쯤에 조령천 강가를 따라 가게 되고, 현 봉명교보다 400m 정도 북쪽에 나루터가 있었다. 신작로도 거의 같은 위치에 다리를 가설하였는데, 지금은 철거되었다.

■ 문경온천 주변의 토지구획정리로 인하여 동래로 옛길이 끊기는 지점

■ 신작로상의 구 마원교. 옛 동래로의 다리는 새 다리 위치에 있었다.

■ 화번을 나가면 경지정리로 인해 옛 동래로는 사라진다. 왼쪽 마을을 지나치게 길이 나고 있었다.

■ 남호리로 들어가면 옛 동래로는 조령천가를 지나가게 되며, 봉하마을에 이른다. 뒤는 주흘산.

제3장 지적원도를 활용한 동래로 문경구간의 역사지리학적 복원   111

8) 외어리外於里

조령천을 건너면 외어리인데, 지금 연탄공장이 있는 북쪽에 당도하였다. 여기서 다시 강가를 따라 남으로 내려갔으며, 신작로보다 강 쪽에 따로 길이 나 있었다. 벌마(을) 안에서는 신작로에 얽히는 듯한 선형을 보였으나, 역시 경지정리 및 공장의 입지 등으로 길은 거의 소멸되었다. 연작살마을에서 다시 조령천에 붙었다가 마을 끝에서 신작로와 합류해서, 오천리로 넘어간다.

9) 오천리梧泉里

오천리 안에서는 옛길 경로와 신작로 경로가 거의 일치한다. 옛길 자체가 직선이었기에, 굳이 다른 경로선택을 할 필요가 없었을 것이다. 동쪽으로 크게 휘어지는 선형은 길 서쪽이 조령천 뻘이나 저습지였을 가능성을 제기한다.

■ 봉하마을에서 강을 건너 외어리로 닿았다. 원래 3번국도도 이 지점에 다리가 있었다.

■ 외어리. 옛 동래로는 공장 부지와 논 사이를 가고 있었다.

■ 외어리의 거의 같은 지점. 옛길이 가옥의 도입로로 사용되고 있다.

■ 외어리에서 오천리로 넘어가는 지점. 옛 동래로는 화면 왼쪽 가장자리에서 강을 건넜는데, 다리는 없었다.

■ 오천리. 옛 동래로는 현 국도보다 한 단계 높은 단구 위를 갔다.

가운데 오르막길이 옛 동래로. 왼쪽은 현 3번국도로 양 도로의 높낮이 차이를 알 수 있다.

10) 신현리新峴里

신원(현 신현리) 마을에서 신작로와 분기하여 일단 서쪽에 휘어졌다가 신작로와 교차하여 동쪽의 산 기슭을 향하는데, 마을 안 길은 옛길 그대로 남아 있다. 그리고 마을을 나가서도 비포장 길이 되면서 길이 원래대로 존치되어 있다. 예전에는 그대로 고모산성까지 연결되었는데, 현재는 중부내륙고속도로 때문에 일단 끊긴다. 길가에 관찰사 이경재 영세불망비가 있어서, 비석과 옛길의 관계를 다시금 상기시킨다.

고속도로 넘어서 과수원 안 농로로서 옛길이 남아 있다. 현재 신원(현 신현) 쪽에서 고모산성에 가려면 종말처리장에서 포장도로를 올라가면 되는데, 당시는 그보다 문경선 철로의 동쪽에 있는 이 길이 간선이었다. 마을 원로들은 그것을 기억하고 있다. 기차 터널 입구가 보이고 오르막에 들어가면 석현마을이 보인다. 마을 끝에 서낭당(성황당)의 모습을 볼 수 있다. 서낭당과 진남관 사이에는 대지 표시가 많은데, 이들이 바로 관갑원 주막촌이었을 것이다. 지금 문경시에 의하여 주막이 복원되었다. 서쪽에는 고모산성이 있고 앞에는 진남관과 애기성(석현성)이 있으나, 여기서 임야지대로 들어가기 때문에 지적원도에는 표시되어 있지 않다. 다만 관갑천잔도는 점선으로 간신히 표시되어 있다.

■ 신원리(현 신현리) 안 길이 된 옛 동래로

■ 신원(현 신현)을 나가면 비포장이 되지만, 옛길은 고속도로 쪽으로 연결되어 있다.

■ 신원(현 신현)에서 석현리로 올라가는 옛 동래로

■ 진남관 옆 옛 관갑원 터에 복원된 주막

■진남관

■토끼비리의 바위 바닥

11) 견탄리犬灘里

관갑천잔도를 지나서 영강 좌안을 서서히 고도를 낮추며 내려가면 불정리 대안을 그대로 지나간다(현 3번국도 우회로). 불정역 맞은편에서 다시 지적원도에 기록이 시작되어 있다. 견탄리는 광업소가 있었던 관계로 지금 취락 규모가 크지만 원래는 한적한 도진취락이었다. 지적원도(16호)에는 대지도 별로 보이지 않는다. 나루의 위치는 구 신작로 다리와 우회도로 다리의 중간지점으로 추정된다.

단,『대동지지』에서는 관갑천잔도와 견탄 사이에 '굴우'란 장소를 지나가게 되어 있는데, 그것이 필자가 제시한 지도상의 옛길 경로에서 벗어나서 강 건너의 불정리 굴머리 마을(불정역이 있는 취락)에 비정된다. 동래로가 굴머리 마을을 지나간다면 관갑천잔도를 내리자마자, 즉 고속도로 교각 부근에서 영강을 건너게 된다. 그러나 그렇게 되면『대동지지』에서 굴우와 유곡역 사이의 '渡犬灘'표기와 모순되기에, 일단 필자는 '굴머리마을의 대안對岸을 지나간다'는 입장을 취하고, 복원도에 반영시키고 있다. 이 부분은 발굴조사를 포함 보다 심중한 검토가 필요하다.

12) 불정리佛亭里

불정리로 건너가면 일단 신작로와 일부 겹치면서 신작로보다 북쪽 산기슭 경로를 간다. 일반적으로 조선시대 대로는 골짜기에서는 평지 한가운데를 가기보다 산기슭을 가는 경향이 있다. 옛길 따라 현감 최두명 청덕애민비와 현감 김병선 영세불망비가 나란히 있다.

신작로는 유곡고개를 넘기 위해 산 허리를 서서히 올라가지만 옛길은 그 옆 골짜기(수통머리마을)에 붙어서 급경사로 올라가기 때문에, 전혀 다른 경로를 취한다(16호, 8호). 유곡고개 부분은 임야가 되고 지적원도의 영역에서 다시 벗어난다.

■ 견탄을 건넌 옛 동래로는 신작로와 별도 코스로 유곡고개를 향한다. 강의 유로변경과 고속도로 건설로 선형이 약간 변하고 있다.

■ 유곡고개를 올라가는 옛 동래로. 3번국도 우회도로 때문에 역시 선형이 조금 변화되고 있다.

13) 유곡리幽谷里

　유곡리 영역에 들어가자마자 다시 지적원도 영역에 들어간다. 고개 마루에서 유곡쪽은 비교적 완만한 내리막이어서 당시부터 경작지가 많았기 때문이다. 유곡의 취락 안에서는 신작로와 옛길이 서로 엇갈리며 교차하면서 마치 염색체와 같은 모습을 보인다. 마을 안에서는 도시구획정리가 진행되지 않았기 때문에 옛길이 길게 보존되어 있다. 고개를 넘자마자 서낭당이 있는 곳에서는 신작로보다 남쪽으로 우회하여 마본리에서는 북쪽으로 간다. 옛길 북쪽에 인접하여 커다란 국유 대지(542번지, 지금은 연못)가 존재하는데, 이곳이 마방터였을 가능성이 있다. 주막동에 들어가서는 아동 방향으로, 신작로보다 남쪽의 골목을 간다. 주막동 한가운데에서 아동 즉, 유곡역 관아터로 가는 길이 남쪽으로 나뉘어진다.

■유곡고개를 넘어 유곡동 안에서는 나사처럼 신작로와 얽히면서 옛길이 남아 있다.
고개 마루에서 서낭당을 거쳐 내려오는 옛 동래로.

■ 유곡 마본동 안을 가는 옛 동래로. 왼쪽(북쪽)이 옛 마방터로 보임.

■ 마본동에서 동래로 옛길은 신작로와 교차하여 주막동 및 아동 방향으로 간다.

신리에서 다시 신작로와 합류해서, 유곡 취락을 벗어난다. 유곡역은 길따라 마방, 주막 등 교통에 직접 관련 있는 시설들이 즐비하여, 약간 격리된 공간에 관아가 배치되어 있다. 이는 전국의 많은 찰방역 소재지에서 관찰되는 공간배치이며, 관아가 반드시 대로에 있는 일본 근세 역촌과는 대조적인 모습이다. 이는 또 조선 일반 읍치의 관아 배치와도 상통된다.

14) 공평리孔坪里

공평리(현 공평동)는 점촌 일대 평야지대와 연속되어서 기복이 거의 없는 지형에 거의 직선으로 옛길이 나 있다. 따라서 별로 신작로와 옛길의 차이는 보이지 않는다. 다만 배실 마을 주변에서는 옛길과 신작로가 200m 정도 떨어지는 구간이 있다. 다시 표석골 마을에서도 옛길이 신작로보다 지름길을 취하고 있다. 이들은 경지정리 때문에 거의 사라지고 있다. 장승백 마을에서는 아직 장승이 서 있는 것을 볼 수 있다.

■ 유곡 주막동으로 접어드는 옛 동래로

■ 주막동 삼거리. 여기쯤이 원래 유곡의 중심가였다. 오른쪽(남쪽) 골목에 들어가면 유곡역 관아가 있었다.

■ 신리에서 다시 신작로와 합류되어 유곡동을 벗어났다.

■ 장승백이마을 부근에서 옛길은 오른쪽(북쪽) 산허리를 따라 갔다.

■ 유곡–당교간은 거의 3번국도와 같이 가지만, 공평리 일부 구간에서만 옛길이 다른 경로를 형성하였다.

제3장 지적원도를 활용한 동래로 문경구간의 역사지리학적 복원   125

15) 모전리茅田里

점촌의 신시가지로서 상당히 구획정리가 진행된 동네이다. 그럼에도 불구하고 공평리와 마찬가지로 옛길을 거의 그대로 활용해서 신작로가 건설되었다. 지금도 확장되어 있지만 옛길의 경로는 대부분 길로서 남아 있다. 다만 양지마을 입구에서만 서로 다른 경로를 취하는데, 현 시민운동장 부지 안, 도로와 경기장 사이를 지나가니 마음만 먹으면 길을 복원할 수 있을 것이다. 버스터미널쯤에서 경북선을 넘는 교량 사이에 다시 서쪽에 옛길이 있었는데, 최근 개발공사로 소멸되었다. 당교(떼따리)에서 종점이 되어, 여기서는 상주 함창 땅이 된다.

제6절 정책건의 및 후속 연구계획

이상과 같이 이번 연구에서는 지적원도 활용을 통한 문경시 관내 옛길 복원을 시도하였다. 지적원도를 활용하는 장점은 앞서 지적하였듯이 측량 좌표상 정확한 위치의 복원이 가능해진다는 점, 구획정리 등으로 옛길이 사라져 버린 구간의 복원도 가능하다는 점, 현재 지적도와의 대비가 용이하다는 점에 집약된다. 이는 곧 학술적 연구에도 크게 기여할 뿐만 아니라 지방자치단체의 문화정책 실무에 바로 반영할 수 있다는 장점을 가진다. 우선 문경시에게 이번 연구성과를 토대로 몇 가지 문화정책을 건의하고자 한다.

\<단기정책\>

1) 전구간 요소에 옛길 이정표 설치

지적도상의 복원도를 기초로, 옛길 위치정보의 홍보 및 워킹을 하는 사람들을 위한 길잡이로 주요 유적지 및 분기점 등에 지도를 곁들인 이정표를 설치한다. 지도에는 시내 옛길 전체경로 중 자신이 어느 위치에 있는지, 옛길의 경로를 물리적으로 걷지 못하는 구간에서는 어떤 대체경로가 있는지를 표시하여, 관련 문화유적의 위치표시 및 해제도 병기한다.

2) 옛길 안내도 작성 및 배포

이정표 내용과 연계한 옛길 안내도를 작성, 배포하여, 동시에 웹사이트에도 올린다. 옛길의 경로를 상세히 표시하여, 길을 걸을 수 있게, 불가능한 구간은 대체경로를 찾을 수 있게 표시한다. 옛길과 관련유적이 부각되도록 제작하지만, 문경의 전체 관광안내 역할도 겸하도록 한다.

<중기정책>

3) 문경시 관통 옛길산책로 지정

단기적으로는 이정표와 안내도로 대응하지만, 예산이 확보되면 도보 및 자전거로 지도 없이도 쉽게 옛길을 찾아다닐 수 있는 인프라를 구축한다. 국도나 지방도와 병행한 구간에서는 옛길을 연상케 하는 디자인의 컬러 포장을 한 보도를 설치하여, 도보 및 자전거 여행자의 안전을 도모함과 동시에 옛길 낭만을 만끽하게 만든다.

이면도로가 옛길인 포장구간(진안리, 하리, 신현마을, 수통머리, 유곡동 등 마을안길)에서도 시멘트포장의 일부 혹은 전폭을 같은 디자인의 컬러포장 혹은 박석포장으로 교체한다. 이 포장구간은 그대로 존치하고, 향후 포장의 필요성이 제기될 시 컬러포장 혹은 박석포장을 한다.

특히 문경새재, 관갑천잔도 일대, 유곡역촌 등 3개소는 중점정비구역으로 지정하여, 경관 전체가 역사적인 향기가 나도록 조경에 유의한다.

4) 주막(휴게소)운영

외형만의 주막이 아니라, 관광안내소, 자전거대여소, 휴게실, 주민-여행자 교류실 등 다양하게 쓸 수 있는 주막형태의 휴게소를 설치하고, '옛길 문경'의 또 하나의 상징으로 한다. 우선 3관문, 상초리(현 시설 활용), 초곡점, 마원리, 진남관(현 시설 활용), 견탄리, 유곡동, 닷교 둥에 시범설치하여, 수요를 보고 서서히 그 수를 늘려 간다. 학생 대장정 단체 등을 고려하여 무료합숙, 취사, 세수도 가능한 시설을 1개소에 설치한다. 운영에는 지역 주민 참여를 적극 유도하고 주민에 대한 옛길 지식 보급도 도모한다.

5) 워킹 이벤트 등의 개최

현재 도립공원내에서만 시행된 옛길기행을 문경 전구간으로 확대한다. 참가자의 도보 능력에 따라 반일코스, 1일코스, 2일코스 등을 다양하게 준비한다. 경상감사 행차, 조선통신사행차 등의 참여형 이벤트도 고려한다. 여행사의 여행상품과의 연계도 도모한다.

<장기정책>

6) 주변 자치단체와의 연계

옛길은 여러 자치단체와 이어지는 것이므로 주변 자치단체와의 연계가 불가피하다. 문경시내에서의 옛길 활용정책이 정착된 다음, 이를 주변에 확산시키는 방법을 취한다. 우선적으로 상주시, 예천군, 괴산군, 충주시와 연계한다. '자전거도시'를 표방하는 상주시와는 자전거 도로 연결과 자전거 상호대차제도 등을 추진한다.

7) 옛길 복원구간 연장

장기적으로는 물리적으로 가능한 구간에 대해서 옛길의 복원을 추진하고, 우회구간의 최소화를 도모한다. 우선적으로는 동래로의 하초리 주변, 하리―화번마을, 신원마을―석현마을, 영해로의 반곡리―진정리 등이다. 이들 구간은 현재 폐도이거나 미개발 구획정리 구역에 속하여, 저예산으로 시공이 가능할 것으로 보인다.

향후 이 연구의 범위는 아니지만, 보완작업으로서, 현재 지적도상으로의 옛길 전기작업 및 1:5,000 국토기본도상으로의 옛길 정도 기재를 연내에 마칠 계획이며, 한국내에서 도서출판을 추진한다.

지형도 복원도

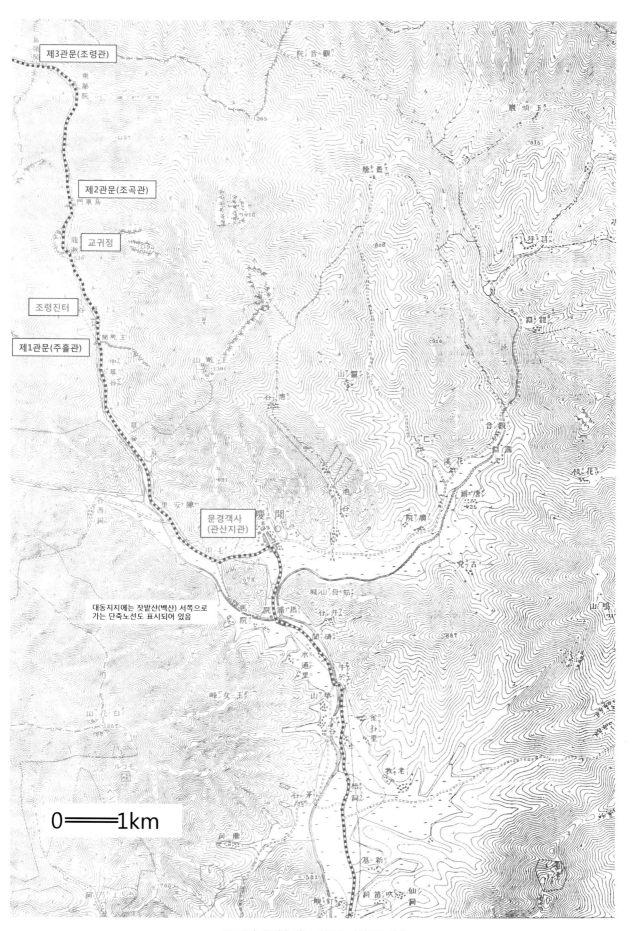

제3관문(조령관)

제2관문(조곡관)

교귀정

조령진터

제1관문(주흘관)

문경객사
(관산지관)

대동지지에는 잣밭산(백산) 서쪽으로
가는 단축노선도 표시되어 있음

0═══1km

1911년 육지측량부 1:5만 지형도(북부)

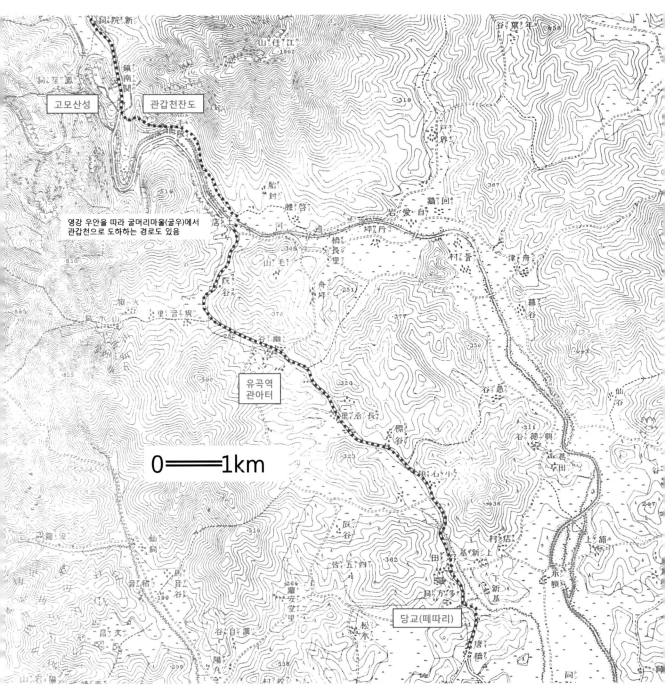

고모산성

관갑천잔도

영강 우안을 따라 굴머리마을(굴우)에서
관갑천으로 도하하는 경로도 있음

유곡역
관아터

0━━━1km

당교(떼따리)

1911년 육지측량부 1:5만 지형도(남부)　　구한말 육지측량부 1:5만 지형도(북부)

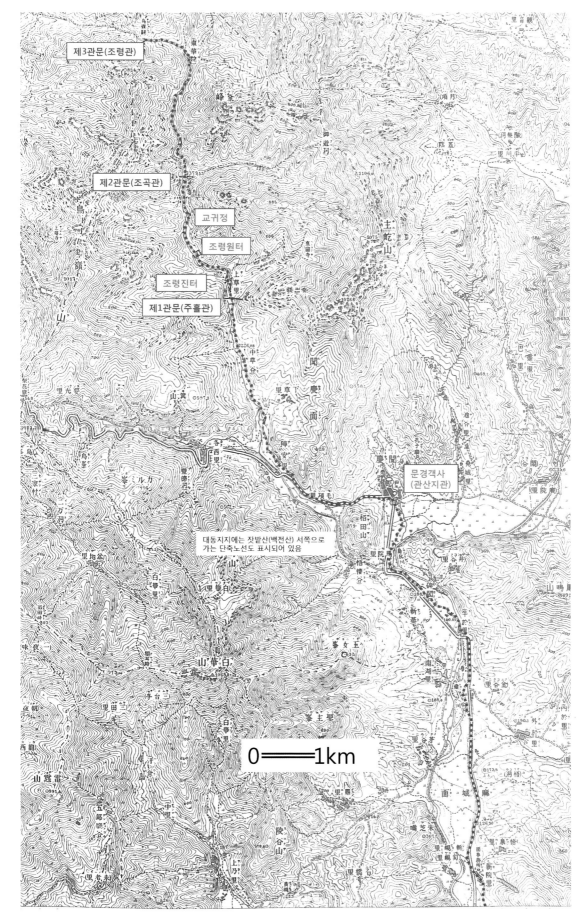

제3관문(조령관)

제2관문(조곡관)

교귀정

조령원터

조령진터

제1관문(주흘관)

대동지지에는 잣밭산(백전산) 서쪽으로
가는 단축노선도 표시되어 있음

문경객사
(관산지관)

0▬▬1km

1918년 육지측량부 1:5만 지형도(북부)

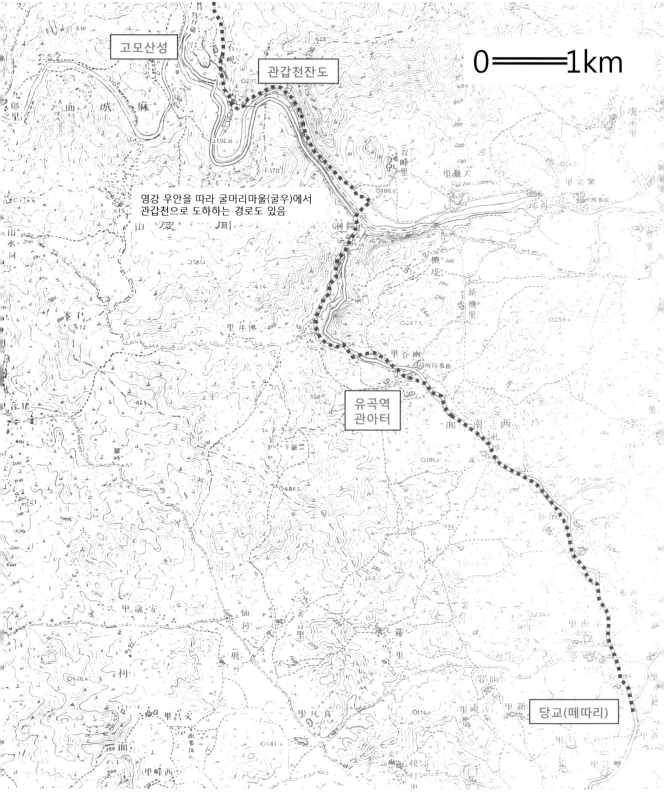

고모산성

관갑천잔도

영강 우안을 따라 굴머리마울(굴우)에서
관갑천으로 도하하는 경로도 있음

유곡역
관아터

당교(떼따리)

1918년 육지측량부 1:5만 지형도(남부)

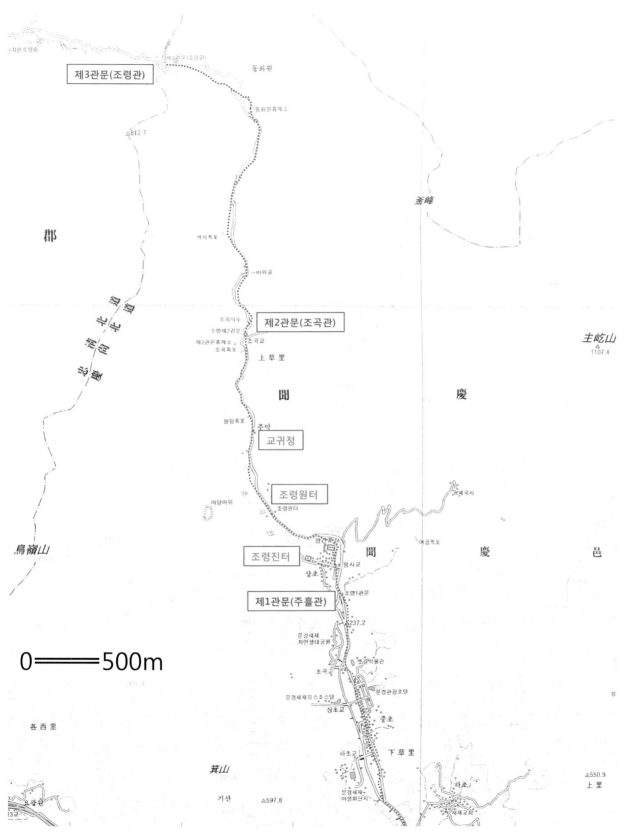

제3관문(조령관)

동회원

동화원휴게소

△812.7

釜峰

郡

색시폭포

바위굴

忠 慶
淸 尙
北 北
道 道

조곡약수
조령제2관문
제2관문휴계소
조곡폭포

제2관문(조곡관)

조곡교

主屹山
△
1107.4

上草里

聞

팔왕폭포

주막

교귀정

慶

마당바위

조령원터

조령원터

여궁폭포

이화국사

鳥嶺山

조령진터

상초

聞

용사교

邑

慶

제1관문(주흘관)

조령1관문

△237.2

문경세재
자연생태공원

문경박물관

0 500m

초곡교

문경관광호텔

문경세재유스호스텔

상초교

중초

各西里

하초교

下草里

△550.9
上里

箕山

기산 △597.8

문경세재
야생화단지

하초

새재교회

요광원

3교

현행 1:2만5천 지형도1

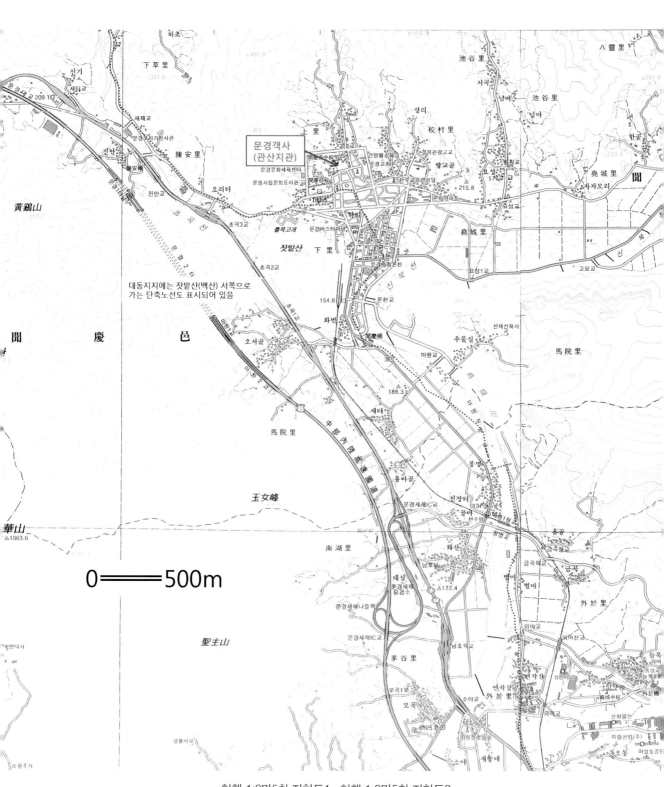

0 500m

대동지지에는 잣밭산(백산) 서쪽으로
가는 단축노선도 표시되어 있음

현행 1:2만5천 지형도1   현행 1:2만5천 지형도2

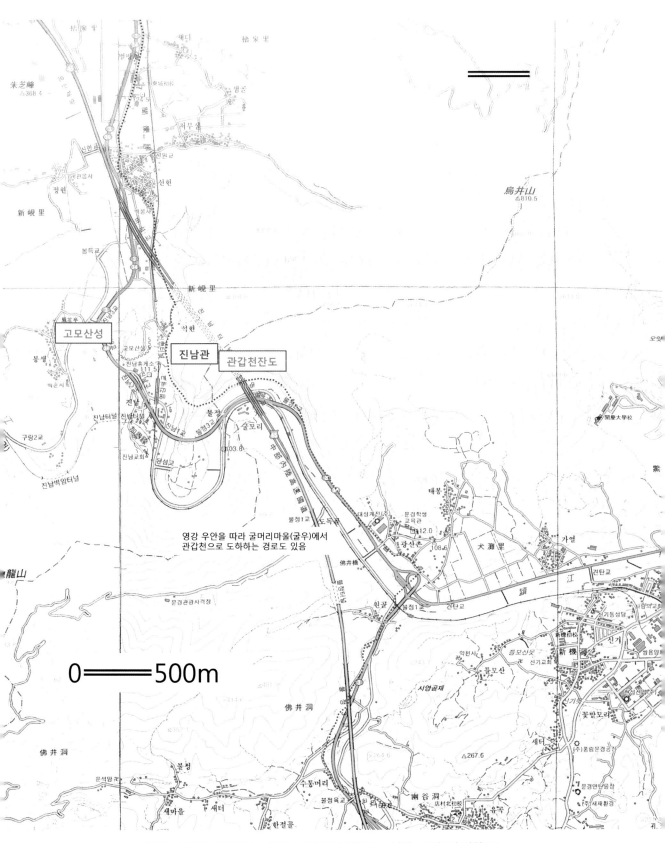

고모산성

진남관

관갑천잔도

영강 우안을 따라 굴머리마을(굴우)에서
관갑천으로 도하하는 경로도 있음

0 ▬▬▬ 500m

현행 1:2만5천 지형도1   현행 1:2만5천 지형도1   현행 1:2만5천 지형도3

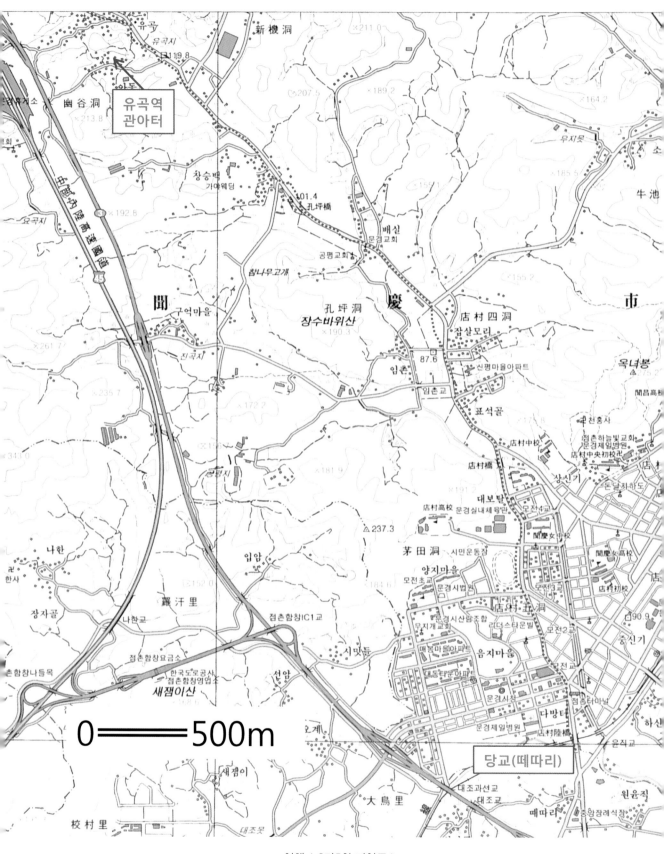

유곡역
관아터

新機洞

유곡
유곡지
幽谷洞

창승백
가야위딩
孔坪橋

배실
문경교회

공평교회

참나무고개

聞　　慶　　　市

孔坪洞
장수바위산

店村四洞
잡살모리

구역마을

임촌
임촌교

신평마을아파트

표석골

店村中校

천홍사
점촌하늘빛교회
문경제일병원
店村中央初校

店村橋

상신기

大保탑
문경실내체육관

店村高校
모전4교

聞慶女中校

茅田洞
시민운동장

양지마을
모전초교
문경시법원

聞慶女商校

店村初校

店村五洞

모전2교

점촌함창IC1교

문경시산림조합
무지개교회

리더스타운빌

맥동마을아파트

음지마을

중신기

새잼이산

시멋들

대동타운아파트

문경시청

선암

점촌터미널

다방터

문경제일병원

店村陸橋

당교(떼따리)

校村里

새잼이

大鳥里

대조과선교
대조교

떼따리

중항장례식장

원윤직

0 ══════ 500m

현행 1:2만5천 지형도4

현재지적도 옛길표시

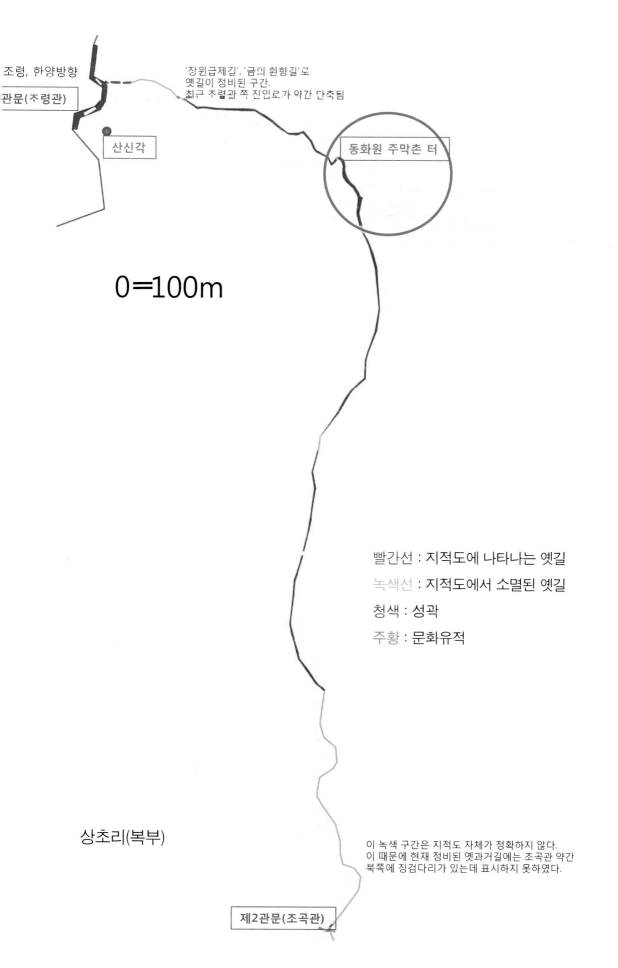

조령, 하양방향

관문(조령관)

'장원급제길', '금의 환향길'로
옛길이 정비된 구간.
최근 조령관 쪽 진입로가 약간 단축됨

산신각

동화원 주막촌 터

0=100m

빨간선 : 지적도에 나타나는 옛길

녹색선 : 지적도에서 소멸된 옛길

청색 : 성곽

주황 : 문화유적

상초리(복부)

이 녹색 구간은 지적도 자체가 정확하지 않다.
이 때문에 현재 정비된 옛과거길에는 조곡관 약간
북쪽에 징검다리가 있는데 표시하지 못하였다.

제2관문(조곡관)

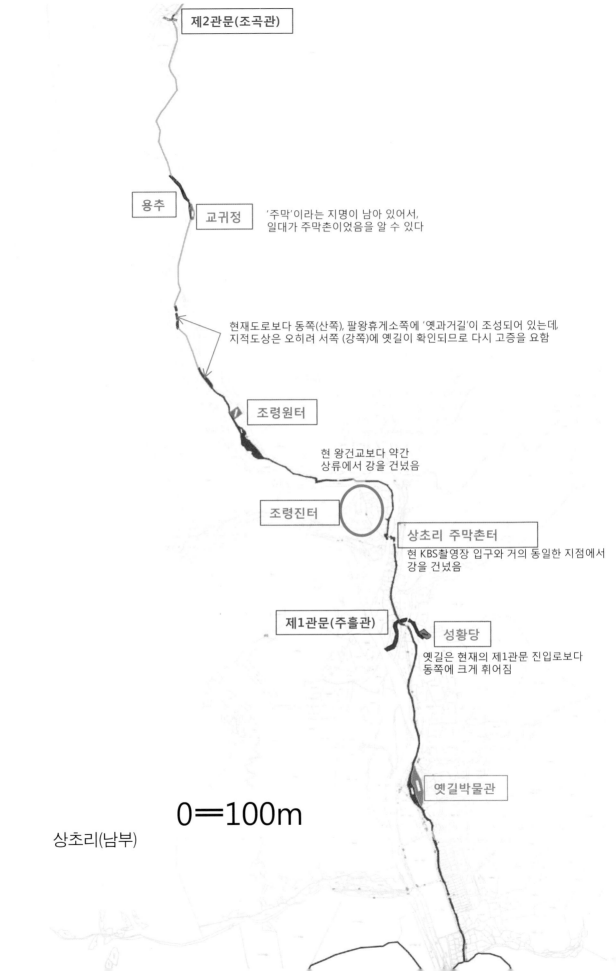

제2관문(조곡관)

용추

교귀정

'주막'이라는 지명이 남아 있어서,
일대가 주막촌이었음을 알 수 있다

현재도로보다 동쪽(산쪽), 팔왕휴게소쪽에 '옛과거길'이 조성되어 있는데,
지적도상은 오히려 서쪽 (강쪽)에 옛길이 확인되므로 다시 고증을 요함

조령원터

현 왕건교보다 약간
상류에서 강을 건넜음

조령진터

상초리 주막촌터

현 KBS촬영장 입구와 거의 동일한 지점에서
강을 건넜음

제1관문(주흘관)

성황당

옛길은 현재의 제1관문 진입로보다
동쪽에 크게 휘어짐

0＝100m

상초리(남부)

옛길박물관

하초마을

● 윤씨일심각

1978년 이전된 것임

0 ══ 100m

하초리

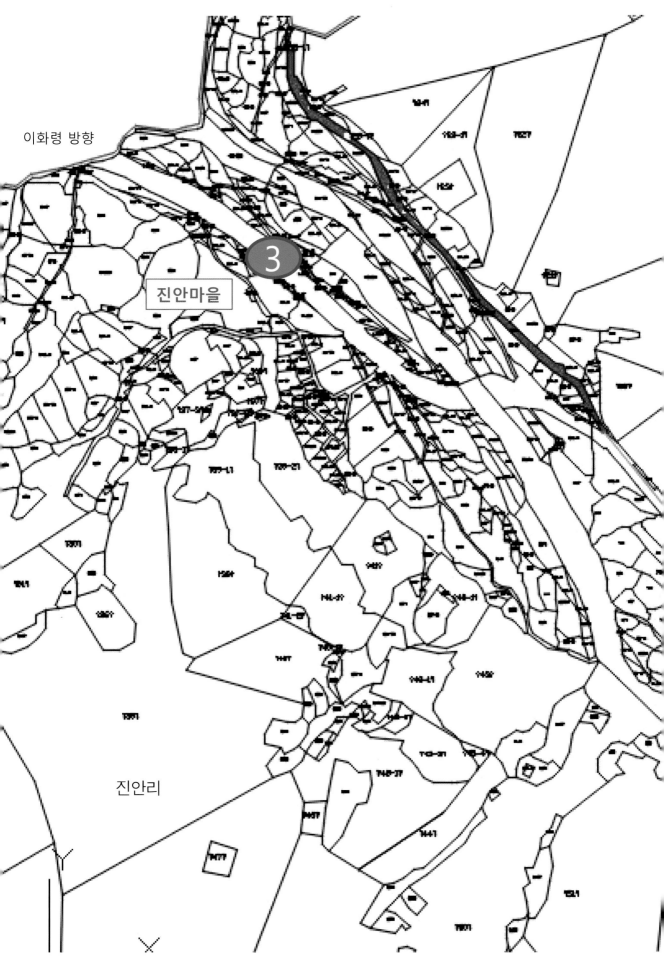

이화령 방향

진안마을

진안리

③

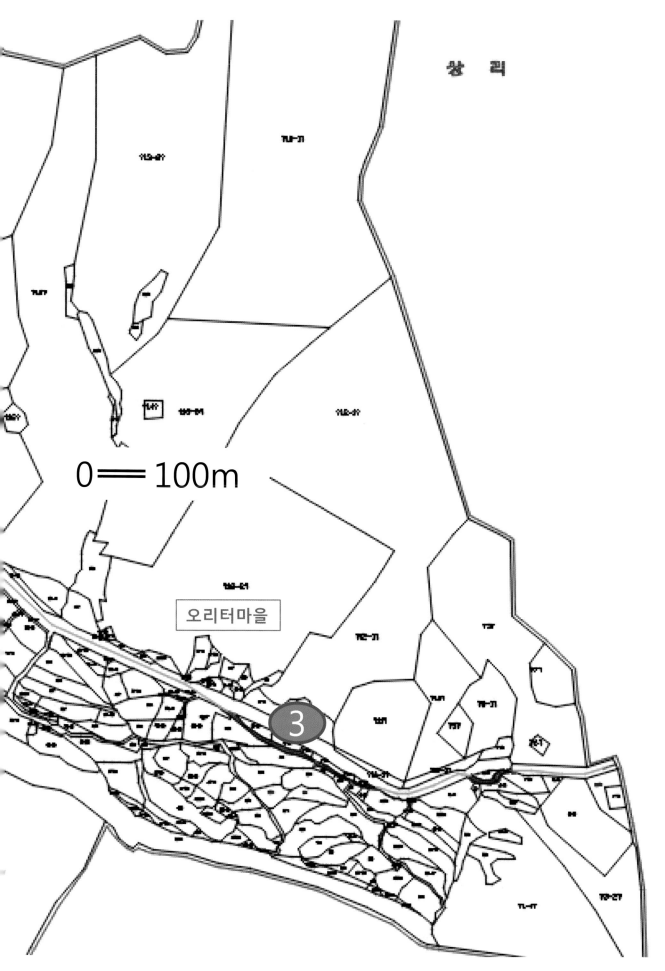

0━━100m

상 리

오리터마을

③

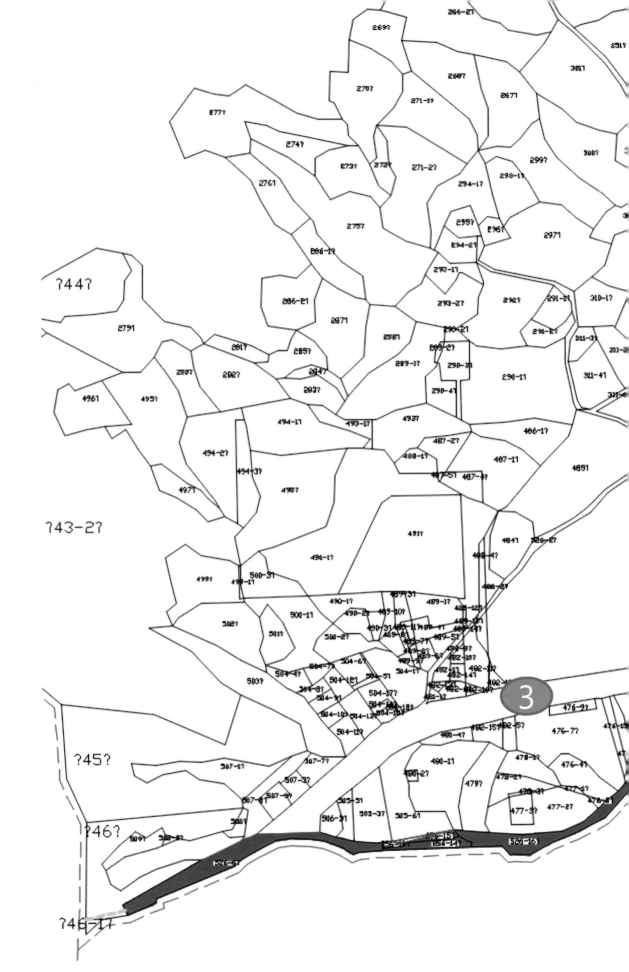

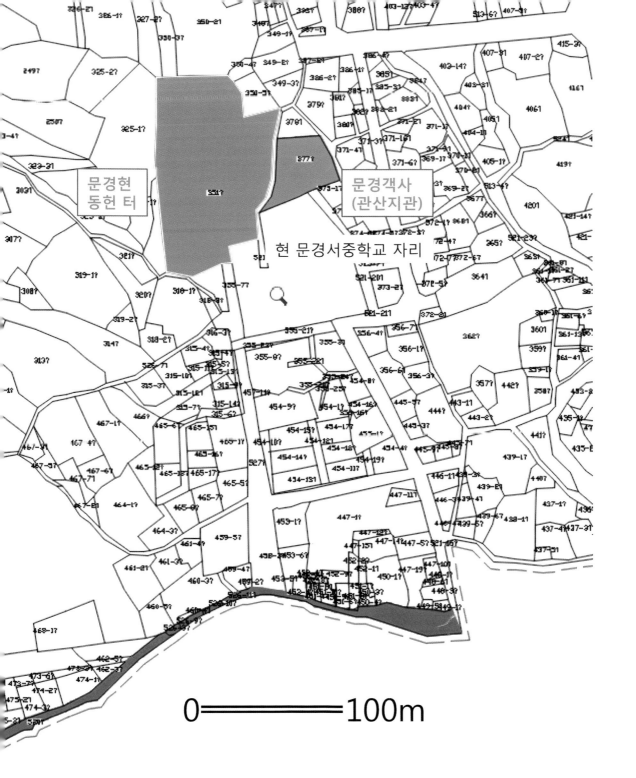

문경현
동헌 터

문경객사
(관산지관)

현 문경서중학교 자리

0═══════100m

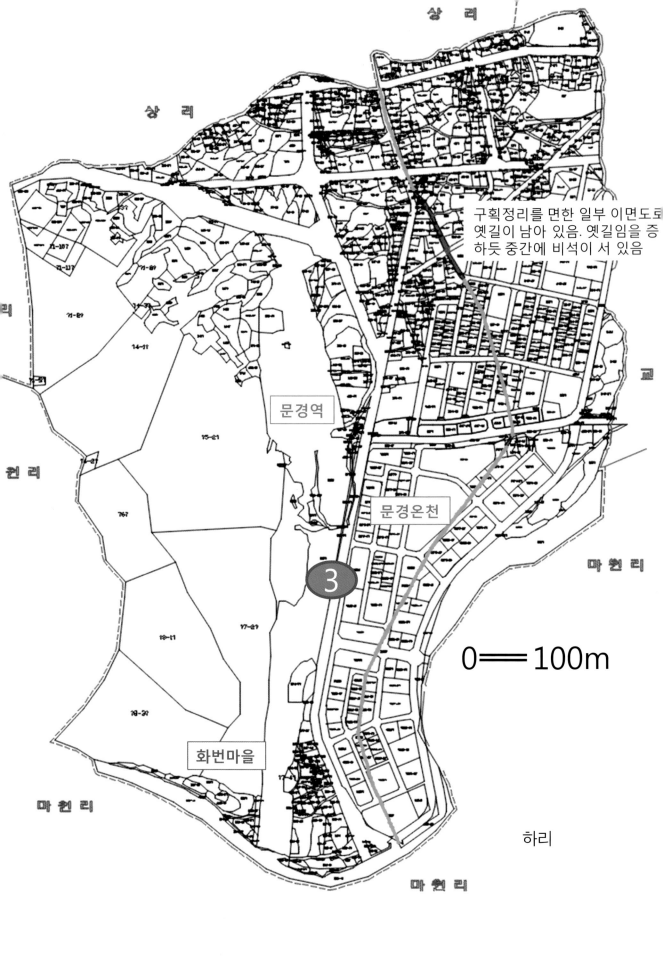

상 리

상 리

구획정리를 면한 일부 이면도로
옛길이 남아 있음. 옛길임을 증
하듯 중간에 비석이 서 있음

문경역

문경온천

③

마 원 리

0 === 100m

화번마을

마 원 리

마 원 리

하리

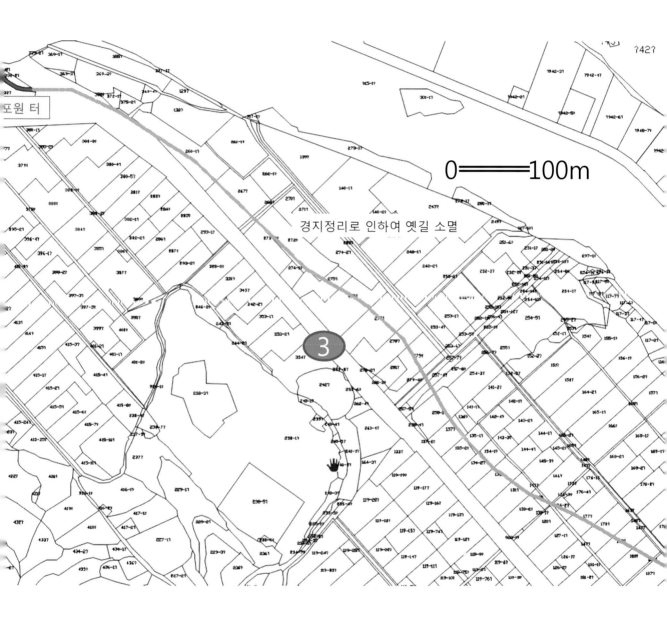

포원 터

경지정리로 인하여 옛길 소멸

0━━━100m

③

마원리

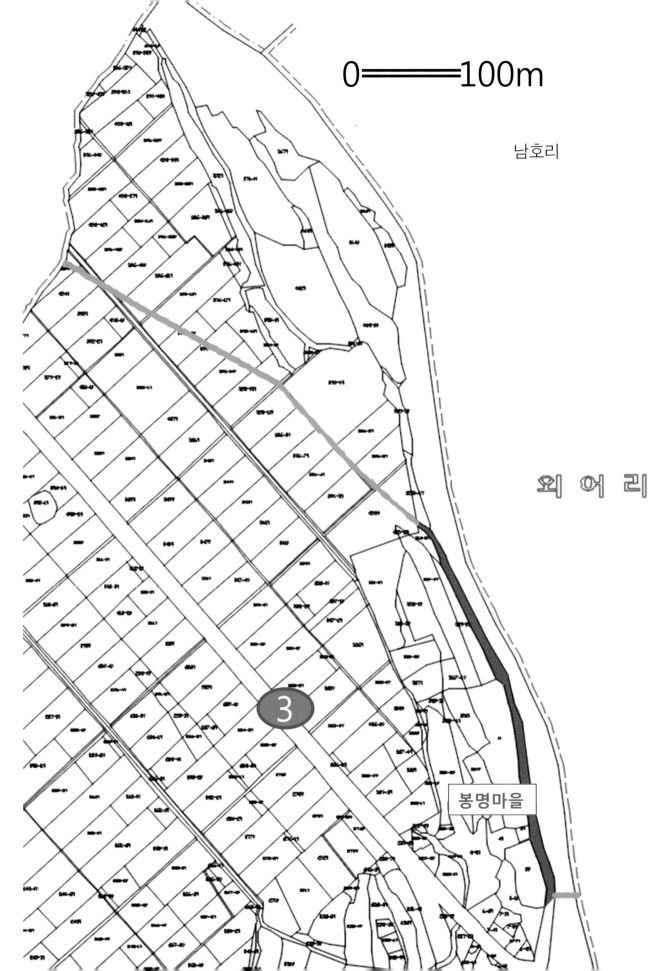

0━━━100m

남호리

외어리

봉명마을

③

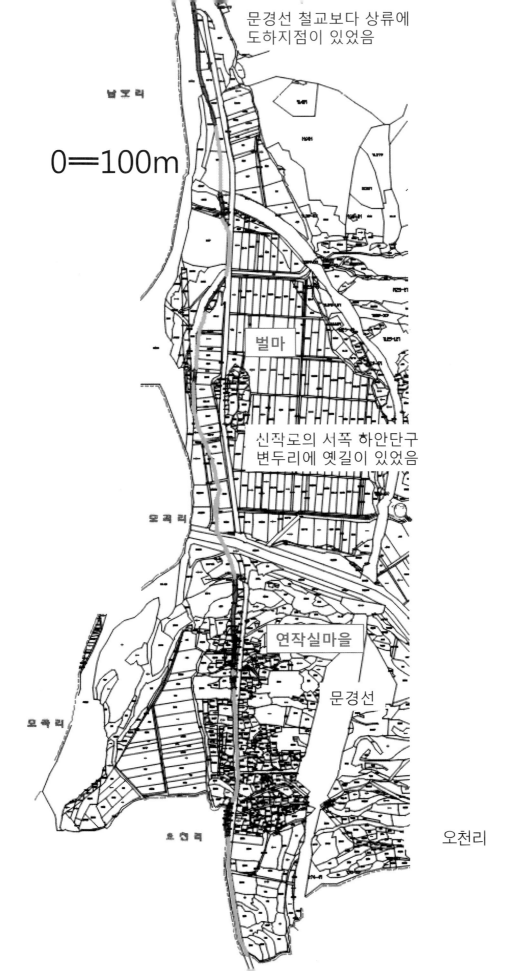

문경선 철교보다 상류에
도하지점이 있었음

남포리

0═100m

벌마

신작로의 서쪽 하안단구
변두리에 옛길이 있었음

모곡리

연작실마을

문경선

모화리

오천리

호천곡

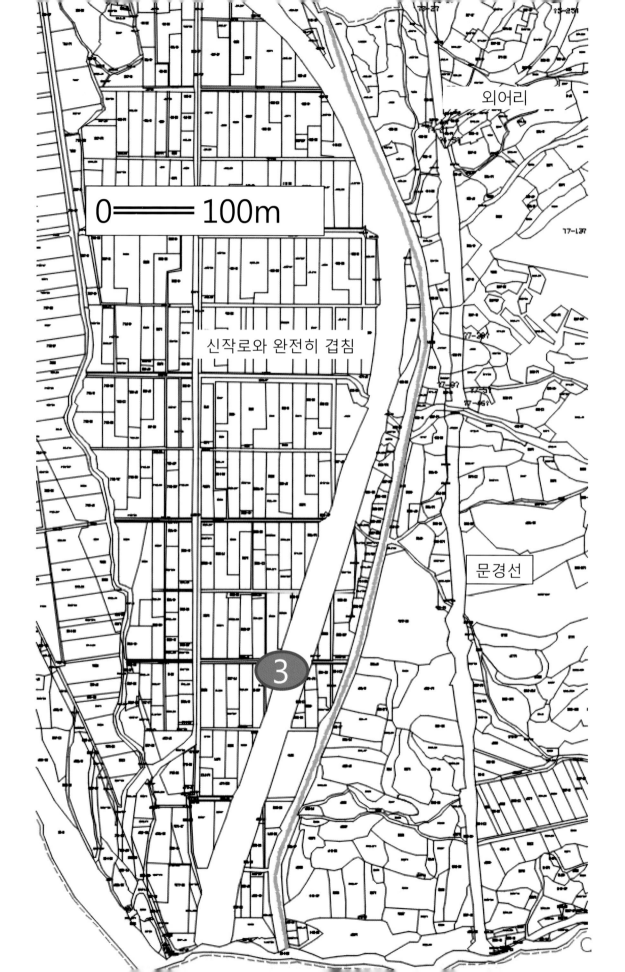

외어리

신작로와 완전히 겹침

문경선

0 ━━━━ 100m

③

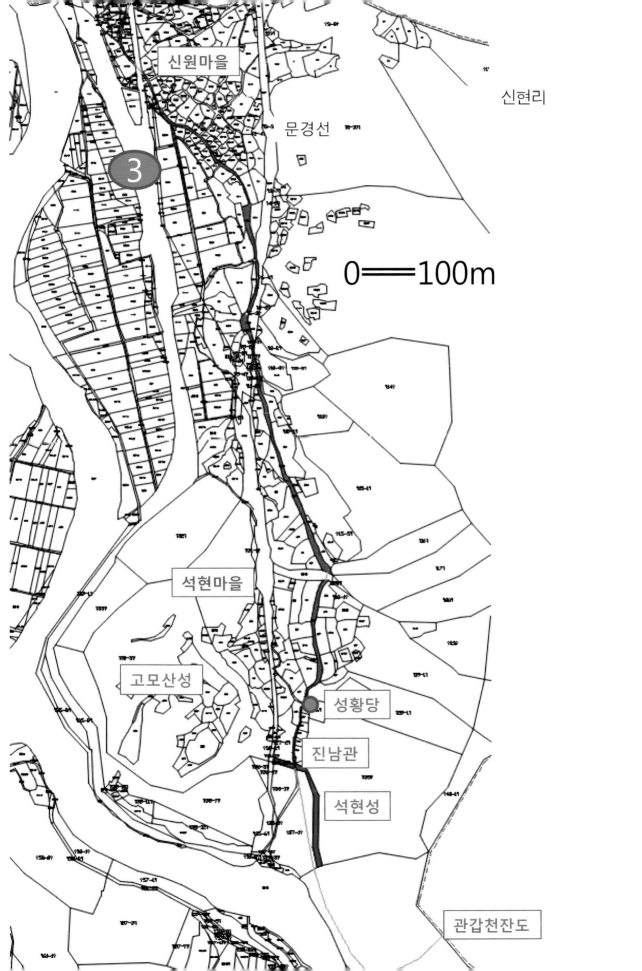

신현리

신원마을

문경선

석현마을

고모산성

성황당

진남관

석현성

관갑천잔도

0━━100m

0═══100m

견탄리

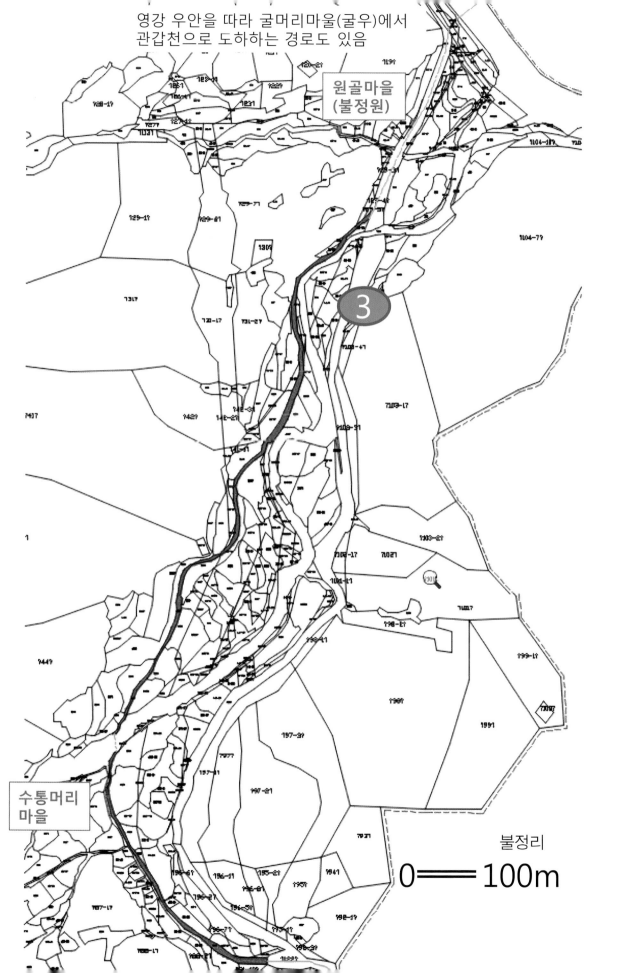

영강 우안을 따라 굴머리마울(굴우)에서
관갑천으로 도하하는 경로도 있음

원골마을
(불정원)

3

수통머리
마을

불정리

0===100m

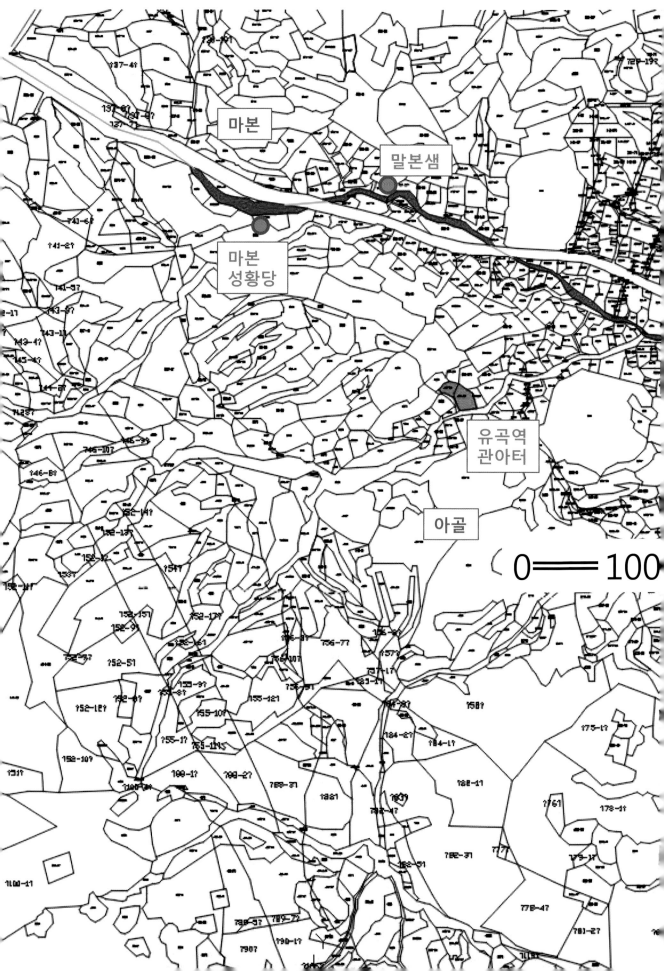

마본

말본샘

마본
성황당

유곡역
관아터

아골

0 ══ 100

장승백마을

배실마을

한적골

잡살모리마을

표적골마을

공평리

0━━100m

3

대보탈마을

③

종합
운동장

문경시청

검 촌

모전리

다방터마을

0 ⎯⎯ 100m

나가며

이 책이 나오기까지는 오랜 세월과 많은 분들의 도움이 있었다.

2004년도에 KTV에서 방영된 옛길 프로그램의 내비게이터로 출연했을 때, 옛길박물관(당시 새재박물관)에서 처음으로 안태현 박사를 만났다. 당시 지적원도를 활용해서 조선시대 읍치 복원 기법을 개발하고 있었던 필자는 이를 옛길 복원에 활용이 가능할 것을 소개하면서 2006년도에 문경시 관내 옛길의 지리학적 복원에 관한 연구용역을 받았다.

그 때 보고서를 전자파일로 제출하였는데 여타 사정으로 책 발간은 미루어져 왔다. 그 것이 금년도 거의 10년만에 재추진되면서, CAD 프로그램을 이용해서 현재 지적도상에 옛길을 나타내고, 또 그것을 바탕으로 현재 1:2만 5천 지형도상에 완전 복원하게 되었다. 여기까지 지원하여 주신 안태현 박사(현 공군박물관장), 또 측면에서 지원해 주신 엄원식 선생, 여운황 선생, 기타 시 관계자 여러분, 국학자료원 사장 및 출판관계자 여러분께도 감사의 말씀을 드린다.

또 가공용의 CAD 원파일은 문경시청에서, 지적원도는 국가기록원에서 학술목적 이용에 한정함을 전제하여 특별히 제공받았음을 밝혀 둔다.

이 책에는 문경 관내 동래로(영남대로)만 수록되어 있는데, 이 연구영역을 통해 필자가 개발한 지적원도 등을 활용한 옛길 복원기법을 이용하여, 서울-부산간 동래로 및 통신사로 전체 구간의 지적원도상 복원을 2007년도에 완성하였으며, 기타 대로들도 현재 진행 중에 있다. 또한 필자가 현재 살고 있는 일본 규슈의 히타가도 등 몇 개 옛길의 복원에서 같은 기법을 도입하였으며, 일본에서도 학술연구뿐 아니라 지역진흥에까지 큰 역할을 하고 있다 .

필자 본인도 그 후 연구성과 창출에도 큰 영향을 미쳤다. 지금은 조선시대를 넘어서서 통일신라시대 옛길 복원에 도전 중이며, 작년부터 논문으로 발표하고 있다. 그 모든 것들이 문경과의 인연에서 시작되었다는 것이 행복한 일이다. 대학을 정년퇴임하면 문경 옛길 가에서 주막을 차리고 은거하고 싶은 생각이 든다.

이 책은 3장 구성인데, 제1장은 조선시대 옛길을 개관하고, 제2장은 이 용역을 통해 개발하며 그 후 10년간으로 진화시킨 옛길 복원법을 담았다. 제3장은 실제로 복원한 문경 관내 동래로에 대해 도면과 함께 상설하였다. 제3장은 2006년도 당시 보고서를 바탕으로 이후의 연구 진전과 현장 변화를 더하였다. 1, 2장은 일본에서 이미 발표한 이하의 논문을 번역하고, 논문형식에서 일반서적용으로 수정한 것이다.

제1장 轟博志 2012, 朝鮮王朝時代における「大路」の路線体系, 北東アジア地域研究 18: 39~51
제2장 轟博志 2010, 朝鮮王朝時代の陸上交通路に対する歴史地理学的復原手法, 立命館地理学 22: 59~74

다시 반복이 되지만, 이 책이 나오기까지 협조해 주신 모든 분들께 감사를 드리며, 향후 옛길 연구가 더욱 진전되기를 기원하며, 이 글을 줄인다.

2015년 2월 22일 도도로키 히로시

참고문헌

轟博志 2000, 『일본인의 영남대로 답사기』, 한울.

轟博志 2002, 『도도로키의 삼남대로 답사기』, 성지문화사.

轟博志 2004, 『20세기 전반 한반도 육상교통체계 변화』「신작로」건설과정을 중심으로』
　　　　울大学校地理学博士学位論文.

轟博志 2005a, 「韓国における歴史遺産を活用した観光マーケティングー聞慶市の古道
　　　　を事例にー」, 『立命館地理学』17: 39~54.

韓国道路公社 1984, 『韓国道路史』.

許宇亘・轟博志 2007, 『開港期前後慶尚道의陸上交通』서울大学校出版文化院

金京洙 1994, 「栄山江流域의文化歴史地理 : 交通路를中心으로」, 文化歴史地理 6: 81~85

洪慶姫・朴泰和 1981, 「大東輿地図에나타난駅站의分布와立地」, 『教育研究誌』23: 67~84

高丞嬉 2004, 「朝鮮後期平安道地域에서 道路防御体系 整備」, 『韓国文化』34: 201~233

高東煥 1996, 「朝鮮後期交通発達과 全国的市場圏의 形成」, 『文化歴史地理』8: 1~18

崔永俊 1990, 『嶺南大路-韓国古道路의 歴史地理学的研究ー』高麗大学校民族文化研究所

崔完基 1995, 「朝鮮王朝 道路政策과 実学者의 道路観」, 『典農史論』1: 185~207

車用杰 1981, 「鳥嶺關防施設에 關한 研究(1)―交通路로서의 鳥嶺과 關防施設로서의 鳥
　　　嶺關에 대한 基礎的整理―」, 『史学研究』 32:1~18

정요근 2008a, 「朝鮮初期驛路網의 全国的改編：交通路側面을 中心으로」, 『朝鮮時代史
　　　学報』 46: 41~80

朴興秀 1967, 「李朝尺度에 関한 研究」, 『大東文化研究』 4:199~226

朴光用 2007, 「『東国文献備考』編纂의 歴史的背景」, 『震檀学報』 104: 211~224

조성욱 2008, 「交通路変化의 主要要因과 特性―全北熊峙地域을 中心으로」, 『韓国地域地
　　　理学会誌』 14－5: 587~603

趙炳魯 2002b, 『韓国駅制史』 馬事博物館

楊普景 1992, 「申景濬의 『山水考』와 『山経表』」, 『土地研究』 3－3: 135~145

李恵恩 1976, 「『朝鮮時代의 교통로에 대한 歴史地理的研究：漢城~義州間을 事例로』」,
　　　梨花女子大学校 修士学位論文

李大熙 1991, 『李朝時代の交通史に関する研究―特に道路・水路網を中心として』雄山閣.

柳在薫 1990, 「忠北의 交通路発達에 対한 地理的考察」梨花女子大学校 博士学位論文.

柳明垣 2006, 「旅庵申景濬의 「道路考」 研究：六大路를 中心으로」釜山大学校地理教育
　　　学修士学位論文

劉善浩 1999, 「朝鮮初期駅路와 直路」, 『歴史教育』 70:1~31

Isabella Bird 1898, "*Korea & Her Neighbours*"

Jack London 1982, "*La Coree en Feu*"

『세종실록지리지』

『신증동국여지승람』

『여지도서』

『도로고』

『산수고』

『동국문헌비고』

『거경정리표(도리표)』

『동여도지』

『대동지지』

『대한신지지』

『여재촬요』

『여지편람』

『산해제국』

『기봉방역지』

『기봉방역고』

『임원경제지』

『인구』

『산리고』

『해동도리보』

『해동주차도』

『경국대전』

『속대전』

『청구도』

『동여도』

『대동여지도』

지적도로 찾아가는 문경 옛길

초판 1쇄 인쇄일 ㅣ 2017년 3월 1일
초판 1쇄 발행일 ㅣ 2017년 3월 2일

지은이   ㅣ 도도로키 히로시
펴낸이   ㅣ 정진이
편집장   ㅣ 김효은
편집/디자인   ㅣ 우정민 백지윤 박재원
마케팅   ㅣ 정찬용 정구형
영업관리   ㅣ 한선희 이선건 최인호 최소영
인쇄처   ㅣ 국학인쇄사
펴낸곳   ㅣ 국학자료원 새미(주)
               등록일 2005 03 15 제251002005000008호
               서울특별시 강동구 성안로 13 (성내동, 현영빌딩 2층)
               Tel 4424623 Fax 64993082
               www.kookhak.co.kr
               kookhak2001@hanmail.net

ISBN   ㅣ 979-11-87488-49-1 *03900
가격   ㅣ 20,000원